英文法の展望台

全体像をつかむ
英語上達
トレーニング

戸澤全崇

くろしお出版

はじめに―本書が目指すもの

英語学習者が直面する「壁」

「英語学習はまず基礎固めが重要だ」―私は大学では英語を専攻し、予備校で受験生に英語を教えるようになって四半世紀になりますが、私自身のみならず、同僚や同業者などと話す機会があっても、この意見に反対する人はいません。

ところが、私自身が授業で学習法について話をしたり、学習相談に来る受験生に上記アドバイスをしたりすると、とたんに嫌な顔をされます。「難関大学を目指すのに基礎なんて勉強する必要はないじゃないですか」と言われたこともあります。なぜ教える側と教わる側にこんなにも温度差があるのでしょうか?

ひとつには、「基礎」という言葉に問題があるのではないかと思います。私自身これまで何万という受験生と接してきましたが、どうも「基礎＝簡単なこと」と勘違いをしている学習者がかなり多いようです。私が言うところの「基礎」はこの「礎」、つまり「土台」にあたるものです。土台のない建物は崩れてしまいます。基礎を固めずに難しいことをするというのは、自動車の運転免許を持たない人がいきなり高速道路で車を運転するようなものです(事故になりますよね)。車の運転であれば、まずは教習所にいってあれこれルールや技術を学びます。でも学んだ瞬間に高速道路に行けば確実に事故を起こします。免許取得までに何度もルールや技術を反復練習して「無意識の状態で瞬時にあれこれ判断できる」という状態まで鍛え上げるからこそ、快適な運転ができるようになるわけです。英語も同じだと思いませんか? 難しいものに立ち向かうためには、そういう土台を固め、無意識の状態でルールを使いこなせるようにすることが重要です。それが難しい英語の文章を読んだり、英語を書いたり聴いたりすることなどに立ち向かうための第一歩なのです。

そういったことを説明すると納得をしてもらえることが多いですが、いざ、「じゃあ基礎固めをしましょう」と言うと「でも……」と躊躇をする学習者がものすごく多いのです。なぜでしょうか? もちろん人それぞれに理由があるのですが、どうもいろいろな受験生の話を聞いていると、「基礎を勉強していると、『簡単なことをやっている』と周りから馬鹿にされるんじゃないか?」という声がよく聞かれます。そもそも「基礎＝簡単」なことではないですし、別に周りにどう思われようが関係ありません。むしろ基礎をおろそかにして足元をすくわれる方がよっぽど恥ずかしいと思うのですが、基本的な文法事項を勉強せず、簡単な単語は辞書で調べもせずに、ひたすら難しい単語ばかり覚えようとして、結局英語がまったく理解できていない人がたくさんいるように見受けられます。勘違いしないでいただきたいのは、私は「難しいことを勉強するな」と言っているのではないのです。勉強したっていいんです。ただ、基礎を固めることもせずに難しいことだけ勉強しても意味がない、と言いたいのです。

1

英語学習に何が必要か

　読解、作文、リスニング、スピーキングや語彙など、英語のさまざまな学習項目の土台にあるのは「英文法」の知識です。書店で「英文法」というタイトルの付いている参考書類を手に取ってもらうと、どれも何百ページにもおよび、その知識量は膨大です。英語ができるようになるためには、その膨大な知識を覚えるだけでは不十分です。前述の運転免許のたとえ話で話したように、「英語に触れた瞬間に無意識にどの文法知識を使うのか」ということが判断できる状態まで仕上げられると、一気に英語力がアップするはずです。

　私自身、高校生のときに部活動に没頭するあまり、学校の勉強をほとんどしていませんでした（高校の授業自体も、英語は教師が生徒を指名して和訳を読み上げさせるだけでした。文法は「グラマー」というタイトルの授業があったのですが、実質は英作文で、和文を指名した生徒に黒板に書かせて教師が○か×をつける、というだけで、英文法そのものや英語の読み方を習うことはありませんでした）。それなのに、教科書に掲載されている英文を見て単語がわからないので、自分が知らない難しい単語だけ覚えれば英語が読めるようになると決めつけて、当時書店で平積みされていたある単語集を購入して、試行錯誤しながら、掲載されている単語をすべて「暗記」しました（カギカッコをつけたのは、当時覚えたつもりになっていましたが、根本的な意味では理解していなかったからです）。ところが、いくら単語の意味を覚えても、英語の文章に書いてあることはさっぱり理解できませんでした。そんな感じだったので、どこの大学にも合格できずに浪人をしたのですが、初めて「英文法」の勉強をはじめた瞬間に、それまで意味不明だった英単語の意味が紐解けて、英語の文章が理解できるようになり、成績も飛躍的に伸びたのです。そして、試験で辞書や参考書が使えなくても無意識に知識が出せるようにトレーニングをした結果、高校生のときとは段違いの英語力が短期間で身についたのではないかと思っています。

英文法の展望台とは

　英文法の知識は膨大なので、まず学習する際に知識がごちゃごちゃになってしまって、何を勉強しているのかわからなくなります。またその知識をアウトプットして使う際にどの知識を使ったらいいのかわからなくなってしまいます。だから英文法の学習は難しく感じるのではないかと思います。

　ですから、基礎を固めることで、その膨大な知識をわかりやすく整理することが、インプットもアウトプットも楽にする近道なのです。ところが、前述の通り、「基礎」という言葉が「簡単なことをやっている」という誤解を招くことは否めないと思います。そこで、今回、視点を変えてみることにしました。本書の「英文法の展望台」が表すよう

に、「基礎」というのは、「展望台に上って景色を眺める」ことだと意識してみたらいかがでしょうか？　展望台から全体像を眺めれば、「どの知識がどこで使われているのか」ということが一目瞭然ですから、インプットがしやすくなるだけではなく、アウトプットもしやすくなります。

　そもそも学習にプライドもへったくれもなく、みなさんは他人のためではなくご自身のために勉強しているのですから、他人からどう思われようと気にせずに勉強をすればよいと思います。「基礎をやっていると馬鹿にされるんじゃないか」と思っている人も、「自分は展望台に上っているんだ」と考えれば、むしろ優越感にひたれるのではないでしょうか？

こんな方に読んでいただきたい

　本書はそういう意味で、レベルを問わずさまざまな方に読んでいただきたいのです。例えば学校英語でつまずいている高校生や、英語の勉強をやり直したい社会人の方、英語の成績が伸び悩んでいる大学受験生や、単語とかの勉強を頑張っているけどなかなか英字新聞や洋書がスラスラ読めない方、さらには英語を教える立場にある方など、さまざまな方にとって役に立つ内容になるのではないかと思います。

本書の特徴

　難しいことを難しく説明することは、書く側にとってはある意味、簡単です。ですが、それでは読むのも覚えるのも大変ですし、アウトプットもしにくくなってしまうと思います。むしろ本書では、どんなに難しいことも、単純な「型」に当てはめることで、知識の整理の単純化を図っています。単純化しておけば、覚えるのも楽なだけではなく、アウトプットする際の負担もかなり減ると思います。そして、ただ一方的に知識を提示するのではなく、その知識事項を読者のみなさんが使いこなせるように、「実際に手を動かしてトレーニングする」という要素をふんだんに盛り込みました。これにより、「無意識の状態で瞬時に英文を判断できる」状態に近づけると思います。

　世の中には「英文法」という名の付いた本は山ほどあります。中には読者にとってわかりやすく説明するために、文法用語を使わずに説明したり、イラストだけで説明したり、筆者が考えた独自の文法用語で説明したりといった本もあります。それらを批判するつもりはありませんが、私は本書であえて文法用語を積極的に使うことにしました。その理由を説明しておきます。

　みなさんの英語学習は、この本を読んでおしまいではありません。この本を読み終わった後に、さらに読んだり書いたりしながら英語力を高めていくことになるのだと思います。その際にわからない知識事項などがあったらどうしますか？　単語であれば辞書を引けばよいわけですが、単語の使い方がわからない場合や、よくわからない文法事

項が出てきた場合には、文法書の目次や索引を使ってその知識事項を調べ、確認するという作業がどうしても必要になってきます。その際に文法用語を知らないとか、その本でしか通用しない独自の文法用語で覚えていると、そういう派生的な学習ができなくなってしまうのではないかと思います。そこで、本書では一般的な文法用語を提示した上で、どういうレベルの人が読んでもわかるように、「わかりやすい説明」をするよう心がけています。

　本書はそういう意味で英文法の「全体像」をつかむことが目的ですので、「仮定法」や「比較」など、応用的なことは扱わず（ただしそれらが全体像のどこで使われるのかについては示しています。それらの文法項目についてはまたどこか機会をあらためて説明できればと思います）、全体像を使い、大きな枠組みでどうやって使いこなせるようになるのか、ということに焦点を当てています。

　本書がみなさんの英文法理解の一助となり、また今後みなさんが英語の学習を続けていくにあたり、どこかで道に迷ってしまったとき、またこの展望台に戻ってきて、今自分がどこで迷っているのかを確認するための指標になればいいなと思いながら執筆しました。本書がみなさんの道を照らすような存在になれば幸いです。

著者

目 次

はじめに―本書が目指すもの ………………………………………………… 1

本書の使い方 ……………………………………………………………… 10

英文の「全体像」………………………………………………………… 12

第1部 カタマリを理解する

1 意味のカタマリ ……………………………………………… 18

1 句 18

　1 to + V原形（不定詞）………………………………………… 19

　2 Ving ………………………………………………………… 20

　3 Vp.p. ……………………………………………………… 22

　4 前置詞句 …………………………………………………… 22

　演習1-1-1　意味のカタマリ：句 …………………………… 24

2 節 26

　1 従属節 ……………………………………………………… 26

　2 等位接続詞 ………………………………………………… 32

　演習1-1-2　意味のカタマリ：節 …………………………… 36

2 名詞のカタチ …………………………………………………… 38

1 限定詞 38

2 前置修飾の形容詞 39

3 名詞 39

4 後置修飾の形容詞（句・節） 39

　1 語 …………………………………………………………… 39

　2 句 …………………………………………………………… 40

　3 節 …………………………………………………………… 41

　演習1-2　名詞のカタチ ……………………………………… 43

3 修飾 ……………………………………………………………… 45

1 形容詞 45

2 副詞 45

5

| **3** | 前置詞句 | 46 |

| **4** | 付加部 | 47 |

演習1-3　修飾 …………………………………………………………… 49

第2部　全体像の要素を見分ける

1　文頭のパターン ………………………………………………… 52

1　文頭の副詞 52

1「語」としての副詞 ……………………………………………………… 52

2 副詞句 ……………………………………………………………………… 54

3 副詞節 ……………………………………………………………………… 56

4「文頭の副詞」という考え方の応用 ……………………………………… 57

演習2-1-1　文頭の副詞 ……………………………………………… 59

2　主語 61

1 主語になる名詞句 ………………………………………………………… 61

2 主語になる名詞節 ………………………………………………………… 62

3 仮主語（形式主語）……………………………………………………… 63

4 文頭のパターン―文頭の副詞と主語の見分け方 …………………… 65

演習2-1-2　主語 ……………………………………………………… 68

2　動詞とその周辺 ………………………………………………… 70

1　動詞のカタチ（＋助動詞） 70

1 動詞の種類 ………………………………………………………………… 70

2 助動詞 ……………………………………………………………………… 72

3 述語動詞の位置に現れる副詞 …………………………………………… 77

演習2-2-1　動詞のカタチ（＋助動詞）…………………………… 79

2　動詞の時制 81

1 基本時制と進行形 ………………………………………………………… 81

2 完了形 ……………………………………………………………………… 85

3 未来を表す表現 …………………………………………………………… 91

演習2-2-2　動詞の時制 ……………………………………………… 95

6

| **3** | **動詞の文型** | 97 |

1	「基本５文型」という考え方について …………………………………	97
2	「基本５文型」の概要 …………………………………………………	98
演習2-2-3　動詞の文型 ……………………………………………		104

3　補部—より正確な理解へ ……………………………………… 106

| **1** | **第１文型＋α** | 106 |

1	第１文型のいろいろなパターン …………………………………	107
2	S ＋ V ＋ A ……………………………………………………	107
3	中間動詞 …………………………………………………………	111
4	There 構文 ………………………………………………………	112
演習2-3-1　第１文型＋α …………………………………………		119

| **2** | **第２文型＋α** | 121 |

1	擬似補語［準補語］ ……………………………………………	121
2	SVCA ……………………………………………………………	122
3	It is C ＋ that .../wh- … ………………………………………	128
4	tough 構文 ………………………………………………………	131
演習2-3-2　第２文型＋α …………………………………………		135

| **3** | **第３文型＋α** | 137 |

1	SV ＋ Ｏ（＝名詞句）……………………………………………	137
2	SV ＋ Ｏ（＝名詞節）……………………………………………	141
3	SVO ＋付加部 …………………………………………………	147
演習2-3-3　第３文型＋α …………………………………………		149

| **4** | **第４文型＋α** | 151 |

1	与格交替 …………………………………………………………	151
2	SVO_1O_2 で「O_2＝節」の場合 …………………………………	158
演習2-3-4　第４文型＋α …………………………………………		162

| **5** | **第５文型＋α** | 164 |

1	SVOC：Ｏ＝Ｃになるパターン …………………………………	164
2	SVOC：Ｃ＝不定詞になるパターン ……………………………	168
3	SVOC：Ｃ＝分詞になるパターン ………………………………	173

7

演習 2-3-5　第 5 文型＋α ……………………………………………… 178

4　文末の副詞 ……………………………………………………………… 180

1　副詞的目的格 ………………………………………………………… 180

1 動詞を修飾 ………………………………………………………… 180

2 形容詞・副詞を修飾 …………………………………………… 181

2　分詞構文 ……………………………………………………………… 182

3　副詞節 ………………………………………………………………… 183

演習 2-4　文末の副詞 …………………………………………………… 185

第3部　さまざまな文のパターンに対応する

1　文の種類 ………………………………………………………………… 188

1　さまざまな疑問文 …………………………………………………… 188

2　命令文・感嘆文 ……………………………………………………… 191

3　間接疑問文 …………………………………………………………… 192

演習 3-1　文の種類 ……………………………………………………… 196

2　態（能動態・受動態） ………………………………………………… 198

1　受動態の作り方と意味 ……………………………………………… 198

2　受動態にできる動詞 ………………………………………………… 200

1 第 3 文型と受動態 ……………………………………………… 201

2 第 4 文型と受動態 ……………………………………………… 202

3 第 5 文型と受動態 ……………………………………………… 203

3　その他、自動詞や熟語に関する受動態 …………………………… 204

演習 3-2　態（能動態・受動態） …………………………………… 208

3　例外（倒置など） ……………………………………………………… 210

1　疑問文の語順になる「倒置」 ……………………………………… 210

1 文頭に否定を表す副詞の強調 ………………………………… 210

2 so/such 〜 that …の強調 …………………………………… 213

8

2	**文要素の「倒置」**	214
3	**強調構文 [分裂文]**	218
4	**省略**	223

1 動詞句省略 ……………………………………………………………………… 223

2 名詞句省略 ……………………………………………………………………… 225

3 空所化 …………………………………………………………………………… 225

演習3-3　例外（倒置など） …………………………………………………… 227

総合演習 …………………………………………………………………………………… 229

今後の展望—あとがきに代えて …………………………………………………………… 237

索引 ………………………………………………………………………………………… 239

主要参考文献 ……………………………………………………………………………… 242

本書の使い方

1.「全体像」からはじめて、前から順番に

　本書は英文法を体系的に学習できるように構成していますので、前から順番に読むことをお勧めします。もちろん、ある特定の文法事項を、目次や巻末の索引などを利用しながら部分的に読みたいという方もいらっしゃるかと思いますが、その場合も、冒頭の「英文の『全体像』」を必ず読んでください。また、学習が進んでいて「今自分がどこにいるのかわからなくなってしまった」などという場合も、常にこの「英文の『全体像』」の部分に戻るようにしてください。この部分と全体との関係を意識しながら読むことで、英文法の知識が体系的に頭に入るようになると思います。

2.「全体像」を書き込んでみよう

　項目は、例文と解説から成り立っていますが、例文の解説をする際に、「英文の『全体像』」で提示した以下の図を提示しています。

❶ 副 詞	❷ 主 語	❸ 述語動詞	❹ 補 部	❺ 副 詞

　この図に例文の英語を分解して記入した上で、その後の解説を読むようにしてください。ただしスペースの関係で、すべて上記の大きさになっています。書き込むのに狭いと思われる場合、別途ノートを作成したり、あるいは例文に上記の図の番号を振ったりするなど、ご自身がやりやすい方法で対処してください。また、ウェブサイト上で、大きめの「全体像」の図のフォーマットを提供していますので、そちらを利用していただくこともできます。

3. 音声も活用してみよう

　それぞれの例文には音声データが用意されています。解説を読み込んだら、音源を活用しながら例文そのものを暗唱していきましょう。音源を活用することでリスニングの力が高まるだけではなく、例文を暗唱して音源に合わせて発音する練習などをすれば、スピーキングの力を高めるのにも役立つはずです。

4.「演習」で確認しよう

　各項目に「演習」が付いています。基本的には各項目で学んだことを確認するための和訳問題、語順を確認するための整序英作文、そして「3」の過程で英文を暗唱できたかどうかを確認する英作文問題です。直後に解答解説があります（英作文は暗唱できたかどうかを確認するものですから、解答の提示のみをしています。間違えたものは本文に戻って確認し、正確に暗唱し直しましょう）。

5. 「総合演習」で実際の英文に挑戦

巻末に「総合演習」として、実際の英語の文章を読む練習を掲載しています。本書をひととおり読み終えたら、ぜひ挑戦してみてください。

6. 索引を使って復習しよう

巻末に索引を掲載しています。本書を読み終えても、あれこれ忘れてしまったりすることもあるかと思います。そのような際にこの索引からもう一度該当する部分を調べて読み直したり、それでもわからなくなったら冒頭の「英文の『全体像』」のところを参照したりする、ということを繰り返しましょう。

凡例

本書の解説で使用されている記号類は以下の意味で使用しています。

　　　[　]：節

　　　（　）：句

　　　〈　〉：副詞と前置詞句

　　　〜：語（句）の略

　　　…：S＋Vの略

　　　＊：非文（文法的に誤った文）

音声データなど

本書の音声データ、および「全体像」書き込みシートのデータは、下記のウェブサイトからご利用いただけます。

https://www.9640.jp/books_976

※図書館の館内または館外貸し出しなどで、本書を一時的に利用する方もお使いいただけます。

※「総合演習」の文章の音声は、権利の都合上、掲載しておりません。

英文の「全体像」

英語の文は、単語を「左→右」へと並べていくわけですが、どういう順序で並ぶのかということはある程度決まっています。その「語順」が英文の意味と密接に結びついているのです。そして英語の単語や文法事項はこの語順のどこでどのように働くのかが決まっています。まずこの語順の「全体像」をしっかりと押さえて、さまざまな知識事項がこの全体像の中でどう働くのかを覚えていくと、この全体像が「知識の整理棚」のような働きをして、知識のインプット・アウトプットが格段に楽になると思います。

この全体像は、下のように大きく5つに分けられます。①～⑤に入る品詞はある程度決まっているのですが、必ずしもその品詞がくるとは限りません。むしろ、①～⑤はそれぞれ意味役割を持った「位置」だということを意識しましょう。

5つの位置

詳細は各章で扱いますが、ここでは①～⑤のそれぞれの役割について大まかに説明します。以下の文を例に、それぞれの役割を見ていきましょう。

> Luckily, I found the book at the bookstore yesterday.

①文頭の副詞

文頭に副詞がくることがあり、「これからこういう話をしますよ」という話の導入のような内容になります。ですから、すでに文脈上出てきた内容（これを「旧情報」と呼びます）などが現れることが多いです。詳しくは「文頭の副詞」(p. 52) の章で扱いますが、副詞ではないものもここに現れることがあります。この場合は副詞という品詞にこだわるよりも、「文の導入をする位置」であるということを意識しましょう。

> ▶ 例文ではLuckily「幸運にも」が文頭の副詞です。「この文が幸運な出来事について述べているのですよ」という導入をしています。

②主語

主語のことを英語ではSubjectというので頭文字をとってSと表記します。その文の「主題」となる部分で、日本語の「～は、～が」に相当します。主語になるのは原則として文頭の名詞 (p. 61「主語」参照) ですが、ここも「主題」という役割を満たすために名詞以外の要素がくることがあります (p. 114, 214)。

> ▶ 例文ではI「私は」が主語にあたります。この文で表されている動作をしたのが誰なのかということを示しています。

③述語動詞

　ここに動作や状態を表す動詞がきます。動詞のことを英語ではVerbというので頭文字をとってVと表記します。動詞には目的語をとらない「自動詞」と、目的語を必要とする「他動詞」があります。自動詞か他動詞かは辞書で確認するようにしましょう。自動詞は、たいていの辞書は「 自 」と表記しているか、英語ではIntransitive Verbというので、略してViと表記されています。同じく他動詞も「 他 」と表記しているか、英語ではTransitive Verbというので、略してVtと表記されています。

　動詞の前に助動詞（willやcanなど）がくることがあります。その文の話し手や筆者の気持ちなどを動詞に付け加える働きがあります。

　助動詞と動詞の間に副詞がくることがあります。①の副詞とは異なり、否定（notやneverなど）や頻度（sometimesやoftenなど）がくることが多いです。

　また、動詞には一般動詞という動詞とis, am, areなどのbe動詞という動詞（p. 70「動詞のカタチ」参照）があり、置かれる位置に違いがあります。英語ではこれらの動詞を活用させることで、その出来事が「いつ行われたのか」ということを表します（p. 81「動詞の時制」参照）。

　③の項目に現れる要素を図解すると、以下のようになります（　　　　で囲んでいるものはどちらかが必ず現れる要素で、それ以外は文によって変わります）。

> ▶ 例文ではfoundが述語動詞にあたります。これはfind「見つける」という動詞の過去形になります。これは目的語をとる他動詞なので、後ろには目的語が現れることが予測できるはずです。

④補部

　この部分に何が入るかは文によって異なりますが、とりあえず動詞の後ろに続く部分をまとめて「補部」と呼ぶことにしましょう。補部は以下の（1）〜（3）があります。SVと補部との組み合わせが、大まかに分けると5通りあり、それを俗に「基本5文型」と言います（p. 97の「動詞の文型」で全体像を扱い、p. 106以降の「補部」の項目で細かい使い方を扱います）。

(1) **目的語**：動作の対象となる部分で、「〜を」という日本語に対応します。目的語のことを英語では<u>O</u>bjectというので、頭文字をとって○と表記します。目的語になる品詞は必ず名詞（p. 38「名詞のカタチ」参照）です。

(2) **補語**：主語や目的語の説明を補足する部分です。補語のことを英語では<u>C</u>omplementというので、頭文字をとってＣとします。補語になる品詞は名詞か形容詞です。

(3) **付加部**：副詞や前置詞句は文の要素にならないのが普通です。Peter lived. という文は live が目的語をとらない自動詞でいわゆる第１文型になるのですが「ピーターが住んでいた」だけでは意味が通りません。Peter lived <u>there</u>.「ピーターはそこに住んでいた」や Peter lived <u>in the house</u>.「ピーターはその家に住んでいた」のような副詞や前置詞句が必要になります。このように文が成立するために必要な修飾語のことを「付加部（付加詞）」と呼びます。付加部のことを英語では<u>A</u>djunctと呼び、Ａと略すことがあります。

> ▶ 例文の the book は found という他動詞の過去形の後に現れていることから、目的語の働きでここでは「その本を」という意味になります。

⑤文末の副詞

　文末に副詞がくることがあります。これは、①〜④まで述べた上で言い足りない内容を付け足す「補足説明」的な要素が強く、文脈上初めて述べられる情報（これを「新情報」と呼びます）がくることが多いです。この新情報の内容が、さらにこの次に続く文で詳しく述べられていく傾向があります。また、時や場所を表す表現がこの位置にくることが多いですが、その場合は通例「場所」→「時」の順番で現れます。

> ▶ 例文の at the bookstore「その書店で」という場所、yesterday「昨日」という時を表す表現が、それぞれ文末の副詞の位置に置かれて、この文で述べられている幸運な出来事が「いつどこで行われたのか」という情報を補足説明しています。

英文の全体像と「英文法の展望台」

　上記の例文を「英文の全体像」の中で図解すると以下の通りになります。

❶	❷	❸	❹	❺
Luckily,	I	found	the book	at the bookstore yesterday

　[訳例] 幸運にも、私はその本を昨日その書店で見つけた。

これは単語がもっと難しくなっても、文構造が複雑になっても、同じように当てはめ

ることができます。本書では①〜⑤に具体的にどういう要素が現れるのかということをまとめ、みなさん自身にもそれを当てはめる練習をしていただきます。それによって、自分の力でどんな英文でも理解できるようになるはずです。最初は①〜⑤の番号を意識しながら始めて、徐々に番号を記さなくても英文を前から順番に処理できるようになります。そうすれば、英文を読むときだけではなく、話したり書いたりするときもこの順序を意識することで正確な文の発信ができるようになりますし、リスニングなどにも応用ができるようになります。

　それから、「こんな簡単な文をいちいち細かく説明しなくてもよいのではないか？」と思われる方もいらっしゃるかもしれませんので、最初に説明だけさせてください。簡単な文をじっくりと理解できるようになれば、それと同レベルの技術で難しい文も処理できるようになります。逆にこの手順をさぼってしまうと、難しい文に歯が立たなくなってしまいます。「英文法の展望台」に登れば、簡単な文も難しい文も同じように見えるはずです！

　ちなみに、①〜⑤に現れる要素は1語レベルの「単語」だけではありません。英語には句や節と呼ばれる「意味のカタマリ」があり、そのカタマリを使いこなせるようになると一気に英語力が高まるといっても過言ではありません。句と節についてはp. 18の「意味のカタマリ」で扱います。

　ここから先では、①〜⑤の部分が具体的にどういう形になるのかについて、実例などを交えながらパターン分けをし、どの文法事項がどこに当てはまるのか、ということを指摘していきたいと思います。なお、本書の目的は、「英文法の展望台」から英文の全体像を眺めることで、みなさんの頭の中に英文法に関する「知識の整理棚」を構築することです。この英文の全体像が一般的な文法書で扱われている文法項目のどこに対応しているのかという大まかな対応表を以下に掲載します。今後みなさんが英文法の細かい学習をするときに「道に迷ってしまった」と思ったら、ぜひここに戻ってもう一度展望台から英文法の世界を眺めてみてください。

〈英文法の展望台〉

一般的な英文法の項目	全体像での位置	本書での参照箇所など
名詞	②④	p. 38「名詞のカタチ」
代名詞	②④	p. 38「名詞のカタチ」
冠詞	②④	p. 38「名詞のカタチ」
動詞	③	p. 70「動詞のカタチ」p. 97「動詞の文型」
助動詞	③	p. 70「動詞のカタチ」
時制	③	p. 81「動詞の時制」
仮定法	③	本書では直接扱わない
態(受動態)	③	p. 198「態」
形容詞	②④	④の「補語」としての他、名詞を修飾するのでp. 38「名詞のカタチ」および、p. 45「修飾」
副詞	①②⑤	p. 45「修飾」
前置詞	①②⑤	p. 45「修飾」
不定詞・動名詞・分詞	①②④⑤	p. 18「句」
接続詞・関係詞・疑問詞	①②④⑤	p. 26「節」
比較	①④⑤	本書では直接扱わない
否定	③	本書では直接扱わない
文の種類	文全体	p. 188「文の種類」
特殊構文(倒置・強調・省略など)	文全体	p. 210「例外」

16

第1部

カタマリを
理解する

1 意味のカタマリ

〈全体像におけるこの項目の「位置」〉

　「英文の『全体像』」で示したことは、原則としてほぼすべての英文に当てはまります。ところが、「では今から洋書を読んでみましょう！」となると、この全体像にうまく当てはめられず行き詰まってしまいます。それはなぜでしょうか？

　例えば、I like coffee.のような簡単な文であれば、全体像の①〜⑤のどこかに1語ずつが当てはまる（②I ③like ④coffee）わけですが、英文のレベルが上がると、複数の語が全体で1つの「意味のカタマリ」となって①〜⑤の中で働くので、それを見抜けないと英文の意味がとれなくなってしまうわけです。語彙力をつけてもなかなか思うように英文が読めない原因がまさにこのことなのです。

　逆に言えば、語彙力をつけることも必要ではありますが、この「意味のカタマリ」をしっかりととらえることができれば、一気に難しい英文をさばけるようになるはずです。意味のカタマリには「句」と「節」があります。それぞれ詳しく見ていくことにしましょう。

1 句

🔊 TR01

　「句」というのは、簡単にまとめると「〈主語＋動詞〉という文を含まない2語以上からなる意味のカタマリ」のことです。例えば、an interesting book「興味深い本」は、全体で名詞のカタマリですがこの中に〈主語＋動詞〉という文は含まないので「名詞句」と言います。また、後で詳しく見ていきますが、この他に「形容詞句」や「副詞句」があります。

　ただ、本書では、複雑な英文法の知識を英文の全体像の中ですっきりと整理するという観点から、代表的な句を導くものとして、以下の形でまとめておきたいと思います。

	to + V原形	Ving	Vp.p.※	前置詞句
名詞句	○	○	×	×
形容詞句	○	○	○	○
副詞句	○	○	○	○

※Vp.p.のp.p.はpast participle「過去分詞」の頭文字を取ったものです。本書ではVp.p.という略語で表すことにします。

本書では、句のうち「準動詞」(to + V原形／Ving／Vp.p.) が導く句は、( ) でくくって、1つのカタマリとして扱うことにします (「前置詞＋名詞」および「副詞」については〈 〉でくくることにしますが、詳しくはp. 45「修飾」参照)。世間では品詞別にカッコの種類を区別することが好まれているようですが、それをすると、品詞にこだわりすぎて読解の妨げにもなってしまいます。最終的にはカッコをつけずに読んだり話したりするようになるわけですから、本書ではひとまずカッコで示し、みなさんが慣れてきたらカッコでくくる代わりに意味の切れ目をスラッシュ（／）などで区切り、さらにそれにも慣れたら何も記入をしない、というように簡略化をしていくとよいのではないかと思います。

　詳しくは他の章で扱いますが、簡単にそれぞれの働きを例文で確認しましょう。まだ扱っていない知識事項もありますが、まずはわかる範囲でかまいませんから、それぞれの例文を自分なりに「全体像」に当てはめた上で直後の解説をお読みください。

1 to + V原形（不定詞）

To learn a new language requires patience and dedication.

❶ 文頭の副詞	❷ 主 語	❸ 述語動詞	❹ 補 部	❺ 文末の副詞

▶ To learn a new language「新しい言語を学ぶ」という部分がrequiresに対する主語になる名詞句になっています。これを「不定詞の名詞用法」と言って、「Vすること」と訳します。

❶	❷	❸	❹	❺
	(**To learn a new language**)	requires	patience and dedication	

［訳例］新しい言語を学ぶには忍耐と献身が必要だ。

I am looking for a book to read on the beach.

❶ 文頭の副詞	❷ 主 語	❸ 述語動詞	❹ 補 部	❺ 文末の副詞

▶ to read on the beach「ビーチで読む」が直前のa bookを修飾する形容詞句になっています。これを「不定詞の形容詞用法」と言って「Vするための」と訳します。ちなみ

に look for〜は「〜を探す」と言う熟語です。「文型」の判断は絶対的なものではありません。ここは look for を全体で1つの動詞のカタマリととらえて、a book をその目的語ととらえた方が楽だと思います。

①	②	③	④	⑤
	I	am looking for	a book (**to read** on the beach)	

[訳例] 私は、ビーチで読むための本を探しています。

He ran fast to catch the train.

❶ 文頭の副詞	❷ 主 語	❸ 述語動詞	❹ 補 部	❺ 文末の副詞

▶ to catch the train「電車に乗る」が ran という動詞を修飾する副詞句になっています。これを「不定詞の副詞用法」と言って、ここでは「Vするために」と訳し、目的を表します。

①	②	③	④	⑤
	He	ran		<fast> (**to catch** the train)

[訳例] 彼は電車に乗るために速く走った。

2 Ving

I enjoy swimming in the ocean.

❶ 文頭の副詞	❷ 主 語	❸ 述語動詞	❹ 補 部	❺ 文末の副詞

▶ swimming in the ocean「海で泳ぐ」が他動詞 enjoy「〜を楽しむ」の目的語になる名詞句になっています。これを「動名詞」と言って、ここでは「Vすること」と訳します。厳密には動名詞と言いますが、不定詞同様に「Ving が名詞句として働いている」と考えたら楽になるのではないでしょうか。

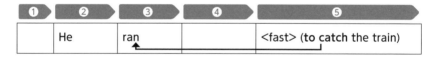

①	②	③	④	⑤
	I	enjoy	(**swimming** in the ocean)	

[訳例] 私は海で泳ぐことを楽しみます。

The woman sitting on the bench was reading a book in the sunshine.

❶ 文頭の副詞	❷ 主 語	❸ 述語動詞	❹ 補 部	❺ 文末の副詞

▶ sitting on the bench「ベンチに座っている」がThe womanを修飾する形容詞句になっています。これを「分詞」(厳密には「現在分詞」) と言い、ここでは「Vしている」と訳します。これも不定詞同様に「Vingが形容詞句として働いている」と考えたら楽になるのではないでしょうか。was readingは過去進行形という時制で全体で述語動詞として働いています。

❶	❷	❸	❹	❺
	The woman (sitting on the bench)⤶	was reading	a book	\<in the sunshine\>

[訳例] ベンチで座っている女性はひなたぼっこをしながら本を読んでいた。

Singing happily, the children walked to school.

❶ 文頭の副詞	❷ 主 語	❸ 述語動詞	❹ 補 部	❺ 文末の副詞

▶ Singing happily「楽しそうに歌う」が①の位置にある副詞句です。これを分詞構文と言って、主節との関係を比べて「Vするとき、Vするので、Vしながら」など適切な接続詞にあたる訳語を補って訳しましょう。ここでは、「楽しそうに歌う」と「学校まで歩いていく」は同時進行で起こっていることなので、「～しながら」と訳します。これも分詞構文という文法用語で表すのが一般的ですが、不定詞同様、Vingが副詞句として働いていると考えると、楽になると思います。

❶	❷	❸	❹	❺
(Singing happily),	the children	walked	\<to school\>	

[訳例] 子供たちは楽しそうに歌いながら学校へ歩いた。

3 Vp.p.

The book written by J. K. Rowling is a bestseller.

❶ 文頭の副詞	❷ 主 語	❸ 述語動詞	❹ 補 部	❺ 文末の副詞

▶ written by J. K. Rowling「J. K.ローリングによって書かれた」がThe bookを修飾する形容詞句になっています。「～によって書かれた」と受動の意味がありますが、意訳して「～が書いた」としてもよいです。

❶	❷	❸	❹	❺
	The book (**written** by J. K. Rowling)	is	a bestseller	

［訳例］J. K.ローリングが書いたその本はベストセラーだ。

Tired from working all day, he took a long nap on the couch.

❶ 文頭の副詞	❷ 主 語	❸ 述語動詞	❹ 補 部	❺ 文末の副詞

▶ Tired from working all day「一日中働いて疲れた」が①の位置にある副詞句です。Vingのときと同じく分詞構文と言い、主節との関係から「Vするとき、Vするので、Vしながら」など適切な接続詞にあたる訳語を補いましょう。ここは昼寝をした「理由」を表しているので、「～したので」と訳します。

❶	❷	❸	❹	❺
(**Tired** from working all day),	he	took	a long nap	\<on the couch\>

［訳例］一日中働いて疲れたので、彼はソファーで長い昼寝をした。

4 前置詞句

　inやatといった前置詞は、基本的には名詞を伴って、〈前置詞＋名詞〉全体で形容詞句か副詞句になります。この前置詞の後ろにくる名詞のことを「前置詞の目的語」と言って、人称代名詞の場合には目的格（me, you, him, her, it, us, them）が用いられます。この前置詞の後には、名詞だけではなく副詞などがくることもあるので、細かいことにこだわらずに、全体で「前置詞句」というカタマリだと考えるようにするとよい

22

でしょう。p. 45「修飾」のところで詳しくお話ししますが、前置詞自体、上記のinやatなどの基本的な語彙は見た目で前置詞だと判別がつきやすいので、見つけたらまず無条件に前置詞句を＜　＞でくくった上で、どういう意味・働きなのかを判別するようにすると楽になると思います。

The book on the table is mine.

▶ on the tableという前置詞句が直前のThe bookを修飾する形容詞句の働きをしています。

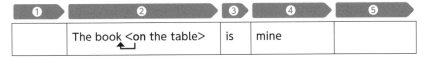

［訳例］ 机の上の本は私のものです。

I'll meet you at the park later.

▶ at the parkという前置詞句が⑤の位置にある副詞句で、meetという動詞を修飾しています。I'llはI willの短縮形です。

［訳例］ のちほど公園で会いましょう。

1-1-1 意味のカタマリ：句 演習　　　◀)) TR02

✐ 問題

1 以下の各文について、句を（　）（ただし、前置詞句は〈　〉）でくくり、その役割を
考えながら和訳してください。

(1) Jane borrowed from her classmate something to write with.

(2) Jogging in the park yesterday, I came across an old friend.

(3) Kate wiped the desk covered with dust to make it clean.

(4) Drinking a lot of water is good for health.

2 以下の各文について、括弧内の語（句）を並べ替えて、正しい英文にしてください。
（文頭で始まる語も小文字で記してあります）

(1) (at / during / swimming / the beach / the summer) is one of my favorite
activities.

(2) (in / jogging / the boy / the park) is John's son.

(3) (distance / from / seen / the), the mountain looks like the face of a
woman.

3 以下の日本語を英訳してください。

(1) 彼は電車に乗るために速く走った。

(2) 私は海で泳ぐことを楽しみます。

💡 解答 & ワンポイント解説

1

(1) Jane borrowed <from her classmate> something (to write with).

> ▶ borrow A from B「BからAを借りる」のfrom Bは前置詞句で、本問のように動詞と
> 目的語の間に入ることがあります。to writeはsomethingを修飾する形容詞用法の不
> 定詞です。withという前置詞の後に前置詞の目的語が書かれていないのは、修飾する名
> 詞との間にwrite with something「何かを使って書く」という関係があり、そのこと
> を示すためです。ですから、このsomethingは書くのに使う何らかの筆記具です。

［訳例］ジェーンはクラスメートから、書くためのものを借りた。

24

(2) (Jogging in the park yesterday), I came across an old friend.

> ▶ joggingから始まるカタマリは、Iという主語の前にある副詞句なので分詞構文です。come acrossは「〜にばったり出会う」という意味の熟語です。

［訳例］昨日公園でジョギングをしていた時に、旧友にばったり出会った。

(3) Kate wiped the desk (covered <with dust>) (to make it clean).

> ▶ coveredから始まるカタマリはthe deskを修飾する形容詞句、to makeから始まるカタマリはwipeという動詞を修飾する副詞用法で「〜するために」という目的を表します。

［訳例］ケイトはホコリで覆われた机を、きれいにするために、拭いた。

(4) (Drinking a lot of water) is good <for health>.

> ▶ Drinkingから始まるカタマリはisというbe動詞に対する主語になる動名詞です。a lot of 〜は「多くの〜」という意味の熟語ですので、of waterを前置詞句ととらえるより、熟語のカタマリと考えましょう。

［訳例］たくさん水を飲むことは健康に良い。

2

(1) **Swimming at the beach during the summer** is one of my favorite activities.

> ▶ Swimmingがisに対する主語になる動名詞で、名詞句を導いています。at the beach「ビーチ（砂浜）で」during the summer「夏の間に」はいずれも前置詞句ですが、p. 14で扱ったように「場所」→「時」の順番で並べるのが普通です。

［訳例］夏にビーチで泳ぐことは、私の大好きな活動の1つです。

(2) **The boy jogging in the park** is John's son.

> ▶ isに対する主語はThe boyで、jogging in the parkはThe boyを修飾する形容詞句です。

［訳例］公園でジョギングをしている男の子は、ジョンの息子だ。

(3) **Seen from the distance**, the mountain looks like the face of a woman.

> ▶ from the distanceは「遠くから」という意味です。Seenがまとめるカタマリは、the mountainという主語の前にある副詞句、つまり分詞構文になっています。

［訳例］遠くから見ると、その山は女性の顔のように見える。

3

(1) He ran fast to catch the train. (p. 20)

(2) I enjoy swimming in the ocean. (p. 20)

2 節 🔊)) TR03

　ここでは句と同様に、英文の中で「意味のカタマリ」として働く「節」について簡単に扱いたいと思います。節は複雑な文になればなるほどよく出てきますから、逆に言うと、この「節」をしっかりとマスターすれば、一気にレベルアップするきっかけになるはずです。

　「節」は、前述の「句」とは違って、〈主語＋動詞〉という文を1つ含む意味のカタマリ」です。もう少し厳密に言うと、「接続詞＋文」で1つのカタマリになります。大まかに「接続詞」と言いましたが、厳密には、従属接続詞・関係詞・疑問詞が節を導きます。このうち「従属接続詞」は、「等位接続詞」(p. 32) と区別するための名称ですが、本書ではここから先、従属接続詞は単に「接続詞」と呼ぶことにします。

　本書で示す英文内では [ ] でくくり、1つの意味のカタマリとして扱うことにします。

　ここでは、節の種類と、それぞれの節を導く代表的な表現を整理しておくことにしましょう。

	節を導く表現		
	(従属)接続詞	関係詞	疑問詞
名詞節	that / whether / if	what / how	who / which / what when / where / why / how
形容詞節		who / which / that when / where / why	
副詞節	that / whether / if その他上記以外の従属接続詞※		

※副詞節を導く接続詞はかなりの数がありますが、以下に代表的なものを挙げます。必要に応じて辞書で使い方を確認するようにしましょう。

【時】when / while / as / after / before / till / until / by the time / as soon as / since / every time / the first time / the next time など
【理由】because / since / as / now that / seeing that など
【条件】if / even if / unless / provided / providing / as long as / on condition that / suppose / supposing / in case / once など
【譲歩】though[although] / even though など
【目的】so that / for fear that / lest など

❶ 従属節

名詞節

　名詞節は、全体で名詞の働きをするカタマリのことで、文中で主語・目的語・補語・

前置詞の目的語になります。ただし、接続詞によっては、できない働き（例えば接続詞のthatが導く名詞節は、原則として前置詞の目的語にはなりません）があるので、その都度、辞書などで使い方を確認するようにしましょう。

I believe that he is telling the truth.

▶ 接続詞のthat + he is telling the truth「彼が本当のことを言っている」全体が、他動詞believe「～を信じる」の目的語になる名詞節になっています。thatは名詞節で用いると「…すること」という意味で考えや事実の内容を表します。細かい説明はこの例文だけにとどめますが、「節」は、そのカタマリの中に、また英文法の全体像が展開しているのです。

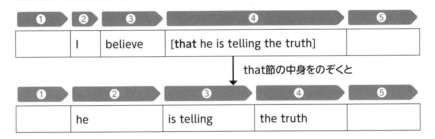

［訳例］私は彼が本当のことを言っていると信じています。

I don't understand what he is talking about.

▶ whatは疑問代名詞として働くと「何を…するか」、関係代名詞として働くと「先行詞を含む関係代名詞」(the thingという先行詞を「含む」関係代名詞) と言ってthe thing whichに相当し、「…すること・もの」と訳しますが、いずれの場合も「名詞節」として働きます。どちらで解釈するのかは文脈次第で、場合によってはどちらで訳しても意味が通ることもありますので、臨機応変に考えてください。ここではwhat + he is talking about「彼が話している」全体が他動詞understand「～を理解する」の目的語になっています。「何を話しているのかわかりません」でも「彼が話していることがわかりません」でも意味は通ります。ちなみにdon'tはdo notの短縮形です。

①	②	③	④	⑤
	I	don't understand	[what he is talking about]	

［訳例］ 彼が何を話しているのかわかりません。

What he said about the project was very insightful.

▶ What + he said about the project「彼がプロジェクトについて言った」全体が、wasに対する主語になる名詞節になっています。ひとつ前の例文と違って「何について彼が言ったのか」では意味が通らないので、ここでは関係代名詞の用法です。

①	②	③	④	⑤
	[What he said about the project]	was	very insightful	

［訳例］ 彼がプロジェクトについて言ったことは非常に洞察に富んでいました。

Whether or not he likes the gift is not important.

▶ Whether + he likes the gift「彼がその贈り物を気に入っている」全体がisに対する主語になる名詞節です。whetherは名詞節で用いると「…かどうか」という意味で、節の先頭か末尾にor notが現れることがあります（つまり、この例文は、Whether he likes the gift or not is not important.としてもよいですし、or notを書かなくてもよい、ということです）。

①	②	③	④	⑤
	[Whether or not he likes the gift]	is not	important	

［訳例］ 彼がその贈り物を気に入っているかどうかは重要ではありません。

Her belief is that honesty is always the best policy.

▶ that + honesty is always the best policy「正直さが常に最良の方針だ」全体が、is に対する補語になる名詞節になっています。

①	②	③	④	⑤
	Her belief	is	[that honesty is always the best policy]	

[訳例] 彼女の信念は、正直さが常に最良の方針であることです。

It is clear that the company needs to make some changes.

▶ that + the company needs to make some changes「その会社がいくつかの変更を行う必要がある」全体が主語になる名詞節で、元々は That the company needs to make some changes is clear. という文だったのですが、英語では句や節が主語となって"頭でっかち"な文になることを避ける傾向があります。この場合、本来の主語（これを「真主語」と呼びます）を文末の⑤の位置に移動し、空いた主語の位置に「主語を文末に移動しましたよ」というサイン代わりに、it を置きます。これを仮主語（もしくは形式主語）の it と呼びます。

①	②	③	④	⑤
	It 仮S	is V	clear C	[that the company needs to make some changes] 真S

[訳例] その会社がいくつかの変更を行う必要があることは明らかです。

形容詞節

　形容詞節は、「先行詞」と呼ばれる前にある名詞を修飾するカタマリです。形容詞節を導くのは、関係詞だけです。形容詞節を導く関係詞は、関係代名詞（who, which, that）と関係副詞（when, where, why）があります。

The woman who lives next door is a doctor.

❶ 文頭の副詞	❷ 主 語	❸ 述語動詞	❹ 補 部	❺ 文末の副詞

▶ who（関係代名詞）＋ lives next door「隣に住んでいる」が、The womanを修飾する形容詞節として働いています。厳密には、このwhoは「主格の関係代名詞」と言って、節の中ではlivesに対する主語として働きつつ、The womanを修飾する形容詞節を導く接続詞としての働きをしています。ですから、"who ＝接続詞＋ she"と考えるとわかりやすいかもしれませんね。

❶	❷	❸	❹	❺
	The woman [who lives next door]	is	a doctor	

［訳例］隣に住んでいる女性は医師です。

The restaurant where we ate last night was amazing.

❶ 文頭の副詞	❷ 主 語	❸ 述語動詞	❹ 補 部	❺ 文末の副詞

▶ where（関係副詞）＋ we ate last night「昨晩私たちが食事をした」が、The restaurantを修飾する形容詞節として働いています。これもwe ate there last night「私たちは昨夜そこ（そのレストラン）で食事をした」のthereが先行詞のThe restaurantを指す関係副詞となっているので、"where ＝接続詞＋ there"と考えるとわかりやすいと思います。

❶	❷	❸	❹	❺
	The restaurant [where we ate last night]	was	amazing	

［訳例］昨晩私たちが食事をしたレストランはすばらしかったです。

I lost the watch I had bought the day before.

▶ I(S) lost(V) the watch(O)という文の後ろに、再びI(S) had bought(V)と別の文が続いています。had boughtはbuy「〜を買う」という他動詞ですが、その後ろはthe day before「その前日に」という副詞句があるだけで目的語がありません。I had bought it (= the watch) the day before.「その前日にそれを買った」という文を考えてみてください。このitが先行詞the watchを指すため、目的格の関係代名詞whichとなってIの前に置かれているのですが、目的格の関係代名詞は省略することができるため、ここでは省略された(which) I had bought the day before全体がthe watchを修飾する形容詞節となっています。

関係詞はこのように省略されることがありますが、その見抜き方のポイントとして、〈名詞＋ SV〉となっている場合、この名詞とSの間に関係詞が省略されていることをまず疑ってみましょう。名詞の直後に別の文がくることから別の節があるということがわかるので、関係詞が省略されるのです。

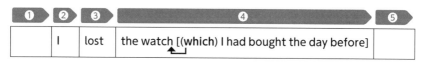

［訳例］ 私は前日に買った腕時計をなくした。

副詞節

She always eats breakfast, whether she is in a hurry or not.

▶ whetherは副詞節で用いると「…しようとしまいと」という意味になります。p. 28で見た名詞節の場合と違って、or notかそれに相当する表現を省略することはできません。例えば、Mary keeps a diary every day, whether she is sick or well.「メアリーは体調が悪くてもよくても毎日日記をつけている」ではor wellは実質or notに相当しますが、これを省略することはできません。ここではこの副詞節が⑤の位置に現れています。

	She	<always> eats	breakfast,	[whether she is in a hurry or not]

[訳例] 彼女は、急いでいようといまいと、いつも朝食を食べます。

If it rains tomorrow, we'll play board games in the house all day.

▶ ifは名詞節を導くと「…かどうか」の意味になりますが、副詞節で用いると「もし…ならば」という条件を表します。ただし、同意表現のwhetherと異なり、「…かどうか」の意味になるのは、I don't know if he will come.「彼が来るかどうかわからない」のように、原則として他動詞の目的語になる場合に限ります。ここでは①の位置に現れています。ちなみにwe'llはwe willの短縮形です。

[If it rains tomorrow],	we	will play	board games	<in the house> <all day>

[訳例] 明日雨が降ったら、私たちは一日中家でボードゲームをするつもりです。

2 等位接続詞

　等位接続詞は「等位」という名前が表しているように、語・句・節などにおいて文法的に共通するもの同士をつなぐ働きがあり、andやbutやorなどが代表例です。厳密にはこの「節」という項目とは関係ないのですが、「接続詞」という名前から従属接続詞と混同するといけないので、ここで簡単に説明をさせてください。

　等位接続詞は、従属接続詞とは違って従属節を導いたりはしません。等位接続詞でつながれたものは文の中で同じ働きをします。以下の解説のように、英文の全体像の中では等位接続詞でつながれたものを縦に並べると、その働きがイメージしやすいのではないでしょうか。

語の接続

Henry speaks English and French fluently.

❶ 文頭の副詞	❷ 主 語	❸ 述語動詞	❹ 補 部	❺ 文末の副詞

▶ 等位接続詞のandがspeaksの目的語になるEnglishとFrenchをつないでいます。もしも等位接続詞が3つ以上のものをつなぐ場合は、He speaks English, French, and Japanese fluently.のようにカンマを使って等位接続詞の代用をします。

❶	❷	❸	❹	❺
	Henry	Speaks	English and French	\<fluently\>

[訳例] ヘンリーは英語とフランス語を流暢に話す。

Our team finished a difficult but important project last week.

❶ 文頭の副詞	❷ 主 語	❸ 述語動詞	❹ 補 部	❺ 文末の副詞

▶ 等位接続詞のandがdifficultとimportantという形容詞をつないでいます。等位接続詞でつながれたものは文の中で同じ働きをします。ここではいずれも直後のprojectという名詞を修飾しています。

❶	❷	❸	❹	❺
	Our team	finished	a [difficult but important] project	\<last week\>

[訳例] 私たちのチームは、先週、難しいが重要なプロジェクトを終えた。

句の接続

Megan seemed to visit Japan on business or for pleasure.

❶ 文頭の副詞	❷ 主 語	❸ 述語動詞	❹ 補 部	❺ 文末の副詞

▶ 等位接続詞のorが文末の副詞の位置にある前置詞句on business「仕事で」とfor pleasure「遊びで」をつないでいます。

❶	❷	❸	❹	❺
	Megan	seemed to visit	Japan	<on business> or <for pleasure>

[訳例] ミーガンは仕事か遊びで日本を訪問したようだ。

従属節の接続

I want to know what I should do and how I should do it.

❶ 文頭の副詞	❷ 主 語	❸ 述語動詞	❹ 補 部	❺ 文末の副詞

▶ 等位接続詞のandが他動詞knowに対する目的語になるwhatとhowが導く名詞節をつないでいます。

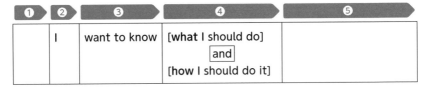

❶	❷	❸	❹	❺
	I	want to know	[what I should do] and [how I should do it]	

[訳例] 私は、何をするべきなのか、そしてそれをどうするべきなのかを知りたい。

文の接続

　等位接続詞によって文と文をつなぐこともできます。この場合、それぞれの文を「等位節」と呼ぶことがあります。

I like watching sports on TV, but I don't play any sports.

> ▶ I like watching sports on TVとI don't play any sportsという2文を等位接続詞の
> butでつないでいます（このそれぞれの文のことを「等位節」と言います）。全体像で示
> すと、以下のようになります。また、等位節は、I like watching sports on TV. But I
> don't play any sports.のように2文に分けて、2文目の文頭に等位接続詞を書くことも
> あります。

❶	❷	❸	❹	❺
	I	like	(watching sports on TV),	
		but		
	I	don't play	any sports	

［訳例］私はテレビでスポーツを観ることが好きですが、一切スポーツをしません。

★ 知識事項 +α　等位接続詞 for

前置詞としてのforの用法はみなさんご存知かと思いますが、実は等位接続詞の用法もあり
ます。ただし、andなどとは異なって、等位節をつなぐときにしか使わず、「というのも…だ
から」という直前部分に対する理由を表す場合に使います。

I believe what Tim says, <u>for</u> he has never lied to me.

［訳例］私はティムの話を信じる。というのも、彼は私に一度も嘘をついたこと
がないからだ。

これも、I believe what Tim says. For he has never lied to me.と2文に分けて書くこ
ともあります。

1-1-2 意味のカタマリ：節 演習　🔊 TR04

✎ 問 題

1 以下の各文について、節を ［ ］（ただし、句は （ ）、前置詞句は 〈 〉）でくくり、和訳してください。等位接続詞がつないでいるものは___を引いてください。

(1) What surprised me most was that I had read the book before but didn't remember anything.

(2) When you finish the homework, you can eat the cake we bought yesterday afternoon.

(3) The book our teacher recommended to us in class was difficult to read, but interesting after all.

2 以下の各文について、括弧内の語（句）を並べ替えて、正しい英文にしてください。

(1) The man (at the party / talked / who / with me / yesterday) turned out to be a famous actor.

(2) It is important (do / homework / should /that / without / you / your) any help of others.

(3) She is very reliable: she (but / does / her / slowly / steadily / work).

3 以下の日本語を英訳してください。

(1) 彼がその贈り物を気に入っているかどうかは重要ではありません。

(2) 私は、何をするべきなのか、そしてそれをどうするべきなのか知りたい。

💡 解 答 & ワンポイント 解 説

1

(1) [What surprised me most] was [that I <u>had read the book before</u> but <u>didn't remember anything</u>].

> ▶ What「…すること」（関係代名詞）が主語になる名詞節を、that「…ということ」（接続詞）が補語になる名詞節を導き、等位接続詞butが2つの動詞句をつないでいます。

[訳例] 私が最も驚いたことは、その本を以前読んでいたのに何も覚えていなかった、ということだった。

(2) [When you finish the homework], you can eat the cake [we bought yesterday afternoon].

> ▶ Whenは副詞節を導いています。the cake we boughtと〈名詞＋ＳＶ〉となっていることから関係詞の省略を疑いましょう。ここはbought「〜を買った」の目的語にあたる目的格の関係代名詞が省略されており、the cakeを修飾する形容詞節を導いています。

［訳例］宿題が終わったら、昨日の午後に買ったケーキを食べてもいいですよ。

(3) The book [our teacher recommended to us in class] was difficult (to read), but interesting <after all>.

> ▶ recommend「〜を勧める」の目的語にあたる目的格の関係代名詞が省略されてthe bookを修飾する形容詞節を導いています。butは補語にあたる２つの形容詞をつないでいます。to readはdifficultを修飾する副詞用法（p. 131）。

［訳例］先生が授業で私たちに勧めてくれた本は、読むのが難しかったが、なんだかんだいっておもしろかった。

2

(1) The man **who talked with me at the party yesterday** turned out to ....

> ▶ whoがtalkedに対する主格の関係代名詞で、The manを修飾する形容詞節を導きます。talk with 〜「〜と話をする」の後ろに、「場所」→「時」の順番で副詞を並べます。

［訳例］昨日のパーティーで私と話をした男性は、有名な俳優だと判明した。

(2) It is important **that you should do your homework without** any help of others.

> ▶ thatが接続詞で、仮主語Itを受ける真主語となる名詞節を導いています。do one's homeworkで「宿題をする」の意味。withoutは「〜なしに」という意味の前置詞。

［訳例］他人の助けを借りずに宿題をすることが重要だ。

(3) She is very reliable: she **does her work slowly but steadily**.

> ▶ 等位接続詞のbutがslowlyとsteadilyという副詞をつなぐのですが、前半の内容から、slowly but steadily「ゆっくりではあるが着実に」という順番にします。

［訳例］彼女はとても信頼できる。彼女は仕事をゆっくりだが着実にするのだ。

3

(1) Whether or not he likes the gift is not important. (p. 28)

(2) I want to know what I should do and how I should do it. (p. 34)

37

2 名詞のカタチ 🔊 TR05

〈全体像におけるこの項目の「位置」〉

❶〈副詞〉導入　❷主語 Subject　❸述語動詞 Verb　❹補部 [1]目的語 Object [2]補語 Complement [3]付加部 Adjunct　❺〈副詞〉補足説明

　②の主語や④の目的語や補語には名詞（句p. 40、節p. 41）が用いられます。語としての名詞には、いろいろな修飾語がつくことがありますが、その現れ方には決まったパターンがあります。これを「名詞のカタチ」として覚えると、全体像をつかみやすくなります。そこで、ここでは具体例を含めながら名詞のカタチを見ていきたいと思います。

<名詞のカタチ>

1	2〈前置修飾〉	3	4〈後置修飾〉
限定詞	形容詞	名詞	形容詞(句・節)
the	tall	man	standing by the door

［訳例］❹ドアのそばに立っている❷背の高い❸男性

　ここでは上記の❶～❹の役割について、例を見比べながら確認したいと思います。例文のうち、下線を引いた部分を名詞のカタチの図に入れる練習をしながら、それぞれの役割を理解していきましょう。

1　限定詞

　名詞の前に置き、その名詞の意味や役割を限定する働きをする語のことを言います。具体的には以下のものがあります。
- 冠詞（a, an, the）
- 所有格（my, your, his, her, its, our, their）
- 指示代名詞（this, that, these, those）
- 不定代名詞（some, any, every, all, none など）：不特定の人や事物を表す代名詞のことです

注意点として、これらの限定詞を2つ以上重ねて用いることはできません。

Tim is a friend of mine.

❶ 限定詞	❷〈前置修飾〉	❸ 名詞	❹〈後置修飾〉

▶ *a my friendだとaが冠詞、myが所有格でいずれも限定詞であるため誤りです。a friend of mineのように、a friendの後ろにof ＋所有代名詞（mine）を置きます。

1 限定詞	2 〈前置修飾〉	3 名詞	4 〈後置修飾〉
a		friend	<of mine>

[訳例] ティムは私の友人です。

2 前置修飾の形容詞

この位置にくる形容詞は、「限定用法」と言って、他の名詞との「対比・分類」を表します。

I prefer the blue shirt to the green shirt.

1 限定詞	2 〈前置修飾〉	3 名詞	4 〈後置修飾〉

▶ prefer A to Bで「BよりAを好む」という意味になります。このAとBにthe～shirtという名詞がきていますが、それぞれの名詞の中でblueとgreenがshirtという名詞を修飾する限定用法の形容詞として働いています。ここでは、「緑のシャツより青いシャツが好き」と、シャツの色を対比・分類しています。

1 限定詞	2 〈前置修飾〉	3 名詞	4 〈後置修飾〉
the	blue / green	shirt	

[訳例] 私は緑のシャツよりも青いシャツのほうが好きです。

3 名詞

この位置に「語」としての名詞が必ず現れます。

4 後置修飾の形容詞（句・節）

1 語

形容詞が名詞を後置修飾したり、補語になったりする場合、「叙述用法」と言って、その名詞の一時的な状態など補足説明を表します。

The man present at the meeting was the CEO of the company.

1 限定詞	2 〈前置修飾〉	3 名詞	4 〈後置修飾〉

▶ presentは叙述用法で用いると、「出席して；存在して」という意味になります。

1 限定詞	2 〈前置修飾〉	3 名詞	4 〈後置修飾〉
The		man	present <at the meeting>

[訳例] 会議に出席していた男性は、その企業のCEOでした。

[参考] The present generation is more tech-savvy than the previous one.

▶ 同じpresentでも限定用法で用いると「現在の」という意味になります。普段から限定用法なのか叙述用法なのかを意識し、その都度、辞書で語義を確認するようにしましょう。

1 限定詞	2 〈前置修飾〉	3 名詞	4 〈後置修飾〉
The	present	generation	

[訳例] 現在の世代は以前の世代よりもテクノロジーに詳しい。

2 句

後置修飾の形容詞句は、〈前置詞＋名詞〉、〈不定詞形容詞用法〉、〈分詞（現在分詞・過去分詞）〉の形で用いられます。

The company with the innovative products is growing quickly.

1 限定詞	2 〈前置修飾〉	3 名詞	4 〈後置修飾〉

▶ with the innovative products「革新的な製品を持つ」という前置詞句が、The companyという名詞を修飾する形容詞句として働いています。

1 限定詞	2 〈前置修飾〉	3 名詞	4 〈後置修飾〉
The		company	<with the innovative products>

[訳例] その革新的な製品を持つ企業は急速に成長しています。

The tall man standing by the door is the professor.

1 限定詞	2 〈前置修飾〉	3 名詞	4 〈後置修飾〉
The	tall	man	(standing <by the door>)

▶ standing by the door「ドアのそばに立っている」という現在分詞(standing)に導かれたカタマリがThe tall manを修飾する形容詞句になっています。

[訳例] ドアのそばに立っている背が高い男性がその教授です。

3 節

形容詞節を導くのは関係代名詞（who, which, that）、関係副詞（when, where, why）です。

The book that I read yesterday was really interesting.

▶ thatは関係代名詞でThe bookを修飾する形容詞節を導いています。

1 限定詞	2 〈前置修飾〉	3 名詞	4 〈後置修飾〉
The		book	[that I read yesterday]

[訳例] 私が昨日読んだ本は本当におもしろかった。

The place where we met for the first time is now a park.

1 限定詞	2 〈前置修飾〉	3 名詞	4 〈後置修飾〉

▶ whereは関係副詞で、The placeを修飾する形容詞節を導いています。

❶ 限定詞	❷〈前置修飾〉	❸ 名 詞	❹〈後置修飾〉
the		place	[where we met for the first time]

［訳例］私たちが初めて出会った場所は、今は公園になっています。

1-2 名詞のカタチ 演習

🔊 TR06

✎ 問 題

1 以下の各文について、人称代名詞と後置修飾を除いた名詞（句・節）に＿＿を引き、和訳してください。（節は ［ ］、句は （ ）、修飾語は 〈 〉 でくくりましょう）

(1) The tall boy running over there is the captain of the soccer club.

(2) I don't know the name of the man who spoke to me at the party yesterday.

(3) Our company needs experienced employees capable of operating computers skillfully.

(4) A friend of mine asked me what she should wear at the party.

2 以下の各文について、括弧内の語（句）を並べ替えて、正しい英文にしてください。

(1) Our office is on the fifth floor of (building / tall / that / walls / white / with).

(2) At the party yesterday, Michael introduced (a / friend / his / of) to me.

(3) I sent a letter of thanks to (me / teacher / the / who / wrote) a letter of recommendation.

3 以下の日本語を英訳してください。

(1) ドアのそばに立っている背が高い男性がその教授です。

(2) 私たちが初めて出会った場所は、今は公園になっています。

💡 解 答 & ワンポイント解説

1

(1) <u>The tall boy</u> (running over there) is <u>the captain</u> <of the soccer club>.

> ▶ 主語の The tall boy と the captain が名詞で、それぞれ後置修飾が付いています。

[訳例] あそこで走っている背の高い男の子は、サッカー部のキャプテンです。

(2) I don't know <u>the name</u> <of <u>the man</u> [who spoke <to me> <at the party> yesterday]>.

> ▶ know の目的語になる名詞の the name に、of the man という前置詞句が後置修飾し、さらにその the man に、関係代名詞 who が導く形容詞節が後置修飾しています。

43

［訳例］私は昨日のパーティーで私に話しかけてきた男性の名前を知らない。

(3) <u>Our company</u> needs <u>experienced employees</u> (capable <of (operating computers skillfully)>).

> ▶ needsの目的語のemployees「従業員」という名詞をexperienced「経験豊富な」という形容詞が修飾して、2語で1つの名詞のカタマリになっていると考えましょう。capable of Vingは「Vできる」という意味の形容詞でemployeesを後置修飾しています。

［訳例］わが社には、コンピュータを巧みに操作できる経験豊富な従業員が必要だ。

(4) <u>A friend</u> <of mine> asked me [what she should wear <at the party>].

> ▶ whatは疑問代名詞で、askに対する目的語になる名詞節を導いています。

［訳例］私の友人が私に、パーティーで何を着ればいいのか、尋ねた。

2

(1) Our office is on the fifth floor of **that tall building with white walls**.

> ▶ withは「～と一緒に」という意味からここでは「～を持っている」という意味、that building with wallsで「壁を持ったあのビル」となります。tall「（背が）高い」はbuildingを、white「白い」はwallsを修飾する形容詞です。

［訳例］わが社は、あの白い壁の高いビルの5階にあります。

(2) At the party yesterday, Michael introduced **a friend of his** to me.

> ▶ 〈a friend of +所有代名詞〉とします。なお、単数の男性を表す人称代名詞は、he（主格）-his（所有格）-him（目的格）-his（所有代名詞）で、所有格と所有代名詞が同じ綴りなので注意してください。

［訳例］昨日のパーティーで、マイケルは彼の友人を私に紹介してくれた。

(3) I sent a letter of thanks to **the teacher who wrote me** a letter of recommendation.

> ▶ the teacherという名詞に、関係代名詞whoが導く形容詞節が後置修飾しています。send A to B「AをBに送る」、write O₁ O₂「O₁にO₂を書く」の意味です。

［訳例］私は、私に推薦状を書いてくれた先生に、お礼の手紙を送った。

3

(1) The tall man standing by the door is the professor. (p. 41)

(2) The place where we met for the first time is now a park. (p. 41)

3 修飾

〈全体像におけるこの項目の「位置」〉

❶〈副詞〉 導入　**❷主語** Subject　**❸述語動詞** Verb　**❹補部** [1]目的語 Object [2]補語 Complement [3]付加部 Adjunct　**❺〈副詞〉** 補足説明

🔊 TR07

「修飾語」とは、文の要素（S, V, O, C）とはならないのですが、文の要素を説明するために使われる大切な部分です。主に、修飾する（掛かる）言葉の前後に置かれ、修飾する語の意味をより詳しく説明したり、強調したりします。修飾語には形容詞（句・節）や副詞（句・節）、前置詞句があります。わかりやすくするために上記の全体像の中では一部だけ白抜きにしましたが、①〜⑤のそれぞれの要素を修飾する可能性があるので、文全体の中で現れる可能性があるものだと考えてください。

1 形容詞

形容詞（句・節）は、名詞を修飾します。詳しくはp. 38「名詞のカタチ」の項目をご覧ください。

2 副詞

副詞（句・節）は、形容詞とは逆に名詞以外のものを修飾します。具体的には、動詞や形容詞、他の副詞、そして文全体を修飾します（文修飾の副詞についてはp. 52「文頭の副詞」参照）。

副詞は修飾する語の直前か直後、もしくは文末に置くのが普通です（文修飾の副詞は文頭に置きますが、詳しくは「文頭の副詞」の項目を参照してください）。

She speaks English <u>fluently</u>.

▶ fluentlyは「流暢に」という意味の副詞で、speaksという動詞を修飾しています。

[訳例] 彼女は流暢に英語を話す。

The dog barked <u>loudly</u> at the mailman.

▶ loudlyは「大声で」という意味の副詞で、barkedという動詞を修飾しています。

[訳例] その犬は郵便配達人に向かって大声で吠えた。

45

I'm <u>very</u> happy with my new job.

> ▶ very は「とても」という意味の副詞で、happyという形容詞を修飾しています。

[訳例] 私は新しい仕事にとても満足しています。

He's <u>quite</u> tall for his age.

> ▶ quiteは「かなり」という意味の副詞で、tallという形容詞を修飾しています。

[訳例] 彼は年齢の割にかなり背が高い。

　ただし、一部の副詞（only, even, quite, justなど）は例外的に名詞を修飾することがあります。これはごく一部の副詞に限るので、「副詞は名詞を修飾する」という覚え方をするのではなく、前述の単語の使い方を個別に覚えた方がよいでしょう。

<u>Only</u> John knows the truth about what happened.

> ▶ onlyは「〜だけ」という意味の副詞で直後の名詞 John を修飾しています。名詞を修飾していますが形容詞ではなく副詞という分類をしているのは、onlyには形容詞の用法があって、〈the[one's] only ＋名詞〉で「唯一の〜」という意味があるからです（She is the <u>only</u> person who can help me.「彼女は私を助けてくれる唯一の人です」ではonlyが形容詞でpersonという名詞を修飾しています）。

[訳例] ジョンだけが何が起こったかの真実を知っている。

<u>Even</u> a child could understand this concept.

> ▶ evenは「〜でさえ」という意味の副詞で、直後の名詞a childを修飾しています。

[訳例] 子供でさえ、この概念を理解できるだろう。

3 ┃ 前置詞句

前置詞句は、全体で形容詞句か副詞句の働きをします。

<u>形容詞句として働く前置詞句の例</u>

The book <u>on the table</u> is mine.

> ▶ on the tableはThe bookという名詞を修飾する形容詞句です。

46

［訳例］ テーブルの上にある本は私の本です。

The woman in the red dress is my sister.

▶ in the red dressはThe womanという名詞を修飾する形容詞句です。

［訳例］ 赤いドレスを着た女性は私の妹です。

副詞句として働く前置詞句の例

She went out despite the rain.

▶ despite the rain「雨にもかかわらず」も、went out「外出した」という動詞を修飾する副詞句として働いています（厳密に言えば、outは「外へ」という副詞ですが、go outで「外出する」という1つの熟語のカタマリと考えた方がよいでしょう）。

［訳例］ 彼女は雨にもかかわらず外出した。

The party starts at 7 p.m. sharp.

▶ at 7 p.m. sharp「7時ちょうどに」がstartという動詞を修飾する副詞句です。

［訳例］ パーティーは7時ちょうどに始まります。

4 付加部

　修飾語は文の要素にはならないので、原則としてなくても文が成立します。ところが一部の修飾語はそれがないと文の意味が成り立たなくなってしまいます。例えば、I live.「私は住んでいる」は第1文型ですが、これだけだと意味を成しません。I live in Japan.「私は日本に住んでいる」とすると意味が通ります。つまり、このin Japanという前置詞句は修飾語ではありますが、文にとって必要な要素だと言えます。この類の修飾語を「付加部」と言います。単なる修飾語なのか付加部なのかはその都度、文の意味を考えながら判断してください（こまめに辞書で動詞や形容詞を調べると、その修飾語が必要な要素なのかどうかを確認することもできます）。

She went to the store.

▶ wentはgoという自動詞の過去形で第1文型を作りますが、She went「彼女は行った」だけでは意味を成しません。to the store「その店へ（行った）」まで言わないと、文として意味を成さないので、この文においてはto the storeが付加部と言えます。

［訳例］彼女はその店に行った。

　ちなみに、副詞は語尾が-lyで終わるものが多かったり、文中で現れる位置も多少決まっていたりすることから、見た目で副詞という判別がつきやすいです。前置詞句も、前置詞自体はinやatなど20あまりの基本的な語彙が多いため、見た目で前置詞句という判別がつきやすく、構造などをとらえる際のヒントになることもあります。そこで、本書では副詞と前置詞句は一度無条件に〈　〉でくくった上で、どういう修飾語なのか、付加部なのかどうか、といったことを考えるようにしていきたいと思います。

1-3 修飾 演習

🔊 **TR08**

✎ 問題

1 以下の各文の修飾語（句）を〈 〉でくくり、修飾先に＿＿を引き、和訳してください。

(1) Megan has been studying English very hard recently.

(2) The boy with blond hair plays soccer very well.

(3) I visited France for a week during the summer vacation.

(4) Only John realized the mistakes in the process.

2 以下の各文について、括弧内の語（句）を並べ替えて、正しい英文にしてください。

(1) Though she has no experience of studying abroad, Keiko (English / fluently / speaks / very).

(2) To prepare for the final exams, Susan and I (in / library / on / studied / the / Wednesday).

(3) I think I have met (glasses / girl / over / the / there / with), but cannot remember when and where I met her.

3 以下の日本語を英訳してください。

(1) 私は新しい仕事にとても満足しています。

(2) パーティーは7時ちょうどに始まります。

💡 解答 & ワンポイント解説

1

(1) Megan <u>has been studying</u> English <very hard> <recently>.

> ▶ 文末の2つの副詞はいずれも動詞のhas been studyingを修飾しています。

［訳例］ ミーガンは最近英語をとても一生懸命勉強している。

(2) <u>The boy</u> <with blond hair> <u>plays</u> soccer <very well>.

> ▶ with～は名詞The boyを修飾する形容詞句、very wellは動詞playsを修飾する副詞。

［訳例］ その金髪の少年は、サッカーをするのがとても上手だ。

(3) I <u>visited</u> France \<for a week\> \<during the summer vacation\>.

> ▶ 文末の２つの前置詞句はいずれも動詞visitedを修飾する副詞句です。

[訳例] 私は夏休みに１週間、フランスを訪問した。

(4) \<Only\> <u>John</u> realized <u>the mistakes</u> \<in the process\>.

> ▶ onlyは副詞で直後のJohnを修飾、in～は名詞the mistakesを修飾する形容詞句。

[訳例] ジョンだけが、その過程における間違いに気づいた。

2

(1) Though she has no experience of studying abroad, Keiko **speaks English very fluently**.

> ▶ veryは「とても」という意味の副詞でfluently「流暢に」という副詞を修飾し、very fluently全体を文末に置いて、speakという動詞を修飾します。

[訳例] ケイコは留学の経験はないのに、とても流暢に英語を話す。

(2) To prepare for the final exams, Susan and I **studied in the library on Wednesday**.

> ▶ the library「図書館」は場所を表す前置詞inと、Wednesday「水曜日」のように曜日や日付を表す名詞は前置詞onと組み合わせ、「場所」→「時」の順番で並べます。

[訳例] 期末試験に備えるために、スーザンと私は水曜日に図書館で勉強した。

(3) I think I have met **the girl with glasses over there**, but cannot remember when and where I met her.

> ▶ with glasses「メガネをかけた」はthe girlを修飾しています。over there「むこうにいる」は、girl with glasses「メガネをかけた女の子」全体を修飾するのでその外側に置きます。また、定冠詞のtheは文脈上特定の名詞につけますが、ここで特定なのはメガネではなく女の子です。

[訳例] むこうにいるメガネをかけた女の子に会ったことがあると思うのだが、いつどこであったのか思い出せない。

3

(1) I'm very happy with my new job. (p. 46)

(2) The party starts at 7 p.m. sharp. (p. 47)

50

第2部

全体像の
要素を見分ける

1 文頭のパターン

〈全体像におけるこの項目の「位置」〉

1 文頭の副詞　　　　　　　　　🔊 TR09

　「英文の全体像」の①の位置にくる「副詞」は、「これからこういう話をしますよ」という導入部分になります。ここには、前の文とのつなぎ言葉や、前の文の内容を受けた「旧情報」（すでに前の文までに述べられた内容や、常識的に読者も知っていると思われる内容）などがきます。

　具体的に、語・句・節として現れる例を以下で見ていきましょう（②の位置以降の部分はまだ本書で扱っていない文法事項が含まれている可能性がありますが、まずは文頭のパターンを理解することを目標に例文と説明を読み込んでください）。

1 「語」としての副詞
文の導入やつなぎ言葉としての副詞

Last night, I watched a movie with my friends at home.

▶ last night が、この文で述べられている背景として昨夜の出来事であるということを示す、導入の副詞の働きをしています。ちなみに night は「夜」という意味の名詞ですが、this, that, next, last, each, every がこのような時を表す名詞に付くと、全体で副詞の働きをするので、前置詞などは不要です（これを「副詞的目的格」と言います）。

①	②	③	④	⑤
Last night,	I	watched	a movie	with my friends at home

[訳例] 昨晩は、友達と家で映画を見た。

文修飾の副詞

Clearly, the new software is more efficient than the old one.

▶ clearly「明らかに」が「新しいソフトウェアのほうが古いものより効率的だ」という文全体を修飾する副詞です。It is clear that the new software is more efficient than the old one. と意味的に対応します。文修飾の副詞のすべてではありませんが、一部の〈形容詞＋ ly〉という形をした副詞 (probably, possibly, regrettably, fortunately, clearlyなど) は、〈It is 形容詞 (probable, possible, regrettable, fortunate, clear) that ...〉で置き換えることができます。逆に、It is clear that ...という形を見たら、頭の中でClearlyという文頭の副詞に置き換えて読むようにすると、構造をとらえるのが楽になるかもしれませんね（下の構造図を見比べてみてください）。

①	②	③	④	⑤
Clearly,	the new software	is	more efficient	than the old one
It is clear that	the new software	is	more efficient	than the old one

[訳例] 明らかに、新しいソフトウェアのほうが古いものより効率的である。

Fortunately, she did not die.

▶ Fortunatelyが「彼女が死ななかった」という文全体を修飾する副詞で、この文自体It was fortunate that she did not die.に相当します。

①	②	③	④	⑤
Fortunately,	she	did not die.		
It was fortunate that	she	did not die.		

[訳例] 幸運にも彼女は死ななかった。

知識事項 +α　語順が変われば意味が変わる

この文の語順を変えて、She did not die fortunately. とすると、fortunately は die という動詞を修飾する副詞となり、以下のような構造と意味になるので注意してください。

❶	❷	❸	❹	❺
	She	did not die		fortunately

[訳例] 彼女は幸せな死に方をしなかった。

2 副詞句

前置詞句

(I just got a new job offer.) With my new job, I'll have more free time.

❶副詞	❷主語	❸述語動詞	❹補部	❺副詞

▶ 1文目で述べられている「新しい仕事のオファーを受けた」という内容を2文目の文頭の前置詞句 With my new job「新しい仕事で」と受ける（前の文の内容を受ける「旧情報」となる）ことで、2文目の導入となります。I'll は I will の短縮形です。

❶	❷	❸	❹	❺
\<With my new job\>,	I	will have	more free time	

[訳例] 私はちょうど新しい仕事のオファーを受けたところです。新しい仕事をすれば、もっと自由な時間ができるでしょう。

不定詞副詞用法

不定詞の副詞用法（〈to ＋ V原形〉が導く副詞句）はいろいろな用法がありますが、文頭に来るときは原則として「〜するために」という「目的」を表す用法です。文の主語の前に不定詞があることがその判断の目安となります。

To save money, I started cooking at home more often.

❶副詞	❷主語	❸述語動詞	❹補部	❺副詞

▶ To save moneyはIという主語の前にあるので、副詞用法の不定詞だとわかります。「〜するために」という目的を表しています。

| (To save money), | I | started | cooking at home | more often |

[訳例] お金を節約するために、私はより頻繁に家で料理を始めました。

★知識事項 +α 「条件」を表す不定詞副詞用法

本書では扱わない項目にはなるのですが、文頭に副詞用法の不定詞があっても「仮定法」で用いられている場合、「もし〜ならば」という条件を表すことがあります（本書では仮定法は扱いませんが、文頭の副詞用法の不定詞を無条件に「目的」と解釈しないでくださいねという意味で記しておきます）。その場合、主節の動詞に助動詞の過去形（would, could, might）が使われていることを確認してください。

To hear her speak English, you would take her for a native speaker.

▶ 主節に助動詞過去形のwouldがあることが仮定法のサインです。不定詞はyouという主語の前にあるので副詞用法ですが、「もし彼女が英語を話すのを聞けば」という条件を表し、If you heard her speak Englishという条件を表す副詞節に相当します。

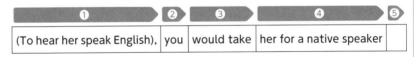

| (To hear her speak English), | you | would take | her for a native speaker | |

[訳例] もし彼女が英語を話すのを聞けば、ネイティブスピーカーだと思うでしょう。

分詞構文

現在分詞 (-ing) や過去分詞 (-p.p.) が文頭で副詞句として用いられる形のことを「分詞構文」と言うことはすでに確認済みですが、発見したら主節との関係を比べながら「〜するとき、〜するので、〜しながら」といった接続詞を補って訳すとよいでしょう。

Smiling happily, she greeted her friends at the door.

▶ Smiling happilyはsheという主語の前にあるので副詞句になる分詞構文です。「幸せそうに微笑む」「挨拶をした」は同時に起こっています。同時に起こっている事柄を分詞構文で表すときは「〜しながら」と訳すとよいでしょう。

❶	❷	❸	❹	❺
(Smiling happily),	she	greeted	her friends	<at the door>

[訳例] 幸せそうに微笑みながら、彼女はドアのところで友達に挨拶した。

Lost in thought, she didn't notice the time passing by.

❶ 副詞	❷ 主語	❸ 述語動詞	❹ 補部	❺ 副詞

▶ Lostはloseという動詞の過去分詞です（綴りは過去形も過去分詞もlostですが、過去形から始まる文はあり得ないので、過去分詞だと判断できます）。Lost in thought「物思いにふける」はsheという主語の前にあるので副詞句になる分詞構文で「時間が過ぎるのに気づかなかった」ことに対する理由だと考えられるため、「〜なので」と訳せばよいでしょう。

❶	❷	❸	❹	❺
(Lost in thought),	she	didn't notice	the time (passing by)	

[訳例] 物思いにふけっていたので、彼女は時間が過ぎていくのに気づかなかった。

3 副詞節

〈接続詞＋文〉からできる「節」が文頭の副詞の位置に来る場合は、前の文の内容を受ける旧情報だったり、主節の内容を説明するための導入の働きをしていたりします。

If you don't hurry, you will miss the train.

❶ 副詞	❷ 主語	❸ 述語動詞	❹ 補部	❺ 副詞

▶ if節は、I don't know if he is telling the truth or not.「私は彼が本当のことを言っているかどうかわからない」のように動詞の目的語（この例だとif節は他動詞knowの目的語になっています）で用いれば「…かどうか」という意味の名詞節となりますが、ここでは文頭の副詞の位置で用いられています。ifは副詞節で用いると「もし…するならば」という【条件】か「たとえ…したとしても」（= even if）という【譲歩】を表します。

❶	❷	❸	❹	❺
[If you don't hurry],	you	will miss	the train	

[訳例] 急がなければ、電車に乗り遅れますよ。

4 「文頭の副詞」という考え方の応用

本書の「英文法の全体像」でやろうとしていることは、品詞とか文型を厳密に分析することが目的ではありません。そういったものを「道具」として、内容を把握することです。ですから、例えば以下のような文について、主語の前の部分を「文頭の副詞」の一種ととらえ、文の導入を表す部分だと割り切れば、読むのも楽になるのではないでしょうか？

It seems that the weather will be nice tomorrow.

▶ It seems that ... は「…のようだ、…のように思われる」という意味の表現です。the weatherという主語の前にある導入部分のカタマリだと考えるとよいでしょう。同じような意味の表現にIt appears that ... もありますし、It turns out that ...「…だと判明している」やIt happens that ...「偶然にも [たまたま] …」などといった表現も同じように考えるとよいでしょう。

❶	❷	❸	❹	❺
It seems that	the weather	will be	nice	tomorrow

[訳例] 明日は天気が良さそうです。

It may be that she didn't receive my email because it went to her spam folder.

❶ 副詞	❷ 主語	❸ 述語動詞	❹ 補部	❺ 副詞

▶ It may be that ... で「…かもしれない」という意味で、全体でmaybeやperhapsという副詞に相当します。これもsheという主語の前にある導入部分のカタマリだと考えるとよいでしょう。同じような形で、It must be that ...「…であるにちがいない」なども

あります。

❶	❷	❸	❹	❺
It may be that	she	didn't receive	my email	because it went to her spam folder

[訳例] 彼女が私のメールを受信しなかったのは、スパムフォルダに入ってしまったからかもしれません。

2-1-1 文頭の副詞 演習　　　　　　　　　　🔊 TR10

※「文頭の副詞」は次の項目の「主語」と連動する部分ですので、ここでは文頭の副詞特有の知識事項に絞って演習問題を用意しました。

✏️ 問 題

1 以下の各文が同じ意味になるように空所に適語をいれた上で、和訳をしてください。

(1) Unfortunately, we were caught in the rain on the way home.

= It was (　　) that we were caught in the rain on the way home.

(2) Surprisingly, Jordan finished the task by herself.

= It was (　　) that Jordan finished the task by herself.

2 以下の各文について、括弧内の語（句）を並べ替えて、正しい英文にしてください。（文頭で始まる語も小文字で記してあります。カンマ (,) が選択肢にある場合は適切な位置に振ってください）

(1) Last night I came home around 11 p.m. (at / I / point / that / was /,) so exhausted that I went straight to bed.

(2) (be / I / it / lost / may / my / that / wallet) when I went to the office.

3 以下の日本語を英訳してください。

(1) お金を節約するために、私はより頻繁に家で料理を始めました。

(2) 明日は天気が良さそうです。

💡 解 答 & ワンポイント解説

1

(1) It was **unfortunate** that we were caught in the rain on the way home.

> ▶ 1文目のUnfortunatelyは「残念なことに」という意味の文修飾の副詞なので、対応する形容詞のunfortunateを用いたIt was unfortunate that ...という文に相当します。

[訳例] 残念なことに、帰宅する途中で私たちは雨に降られた。

(2) It was **surprising** that Jordan finished the task by herself.

> ▶ 1文目のSurprisinglyは「驚いたことに」という意味の文修飾の副詞なので、対応する形容詞のsurprisingを用いたIt was surprising that ...という文に相当します。

59

［訳例］驚いたことに、ジョーダンはその作業を一人で終えた。

2

(1) Last night I came home around 11 p.m. **At that point, I was** so exhausted that I went straight to bed.

> ▶ 直前の「昨夜11時」の内容を受けるかたちで、At that point「その時点で」という前置詞句を文頭の副詞の位置に置きます。主語の前にカンマ (,) を振るのが普通です。

［訳例］昨夜11時頃に帰宅した。その時点でくたくたに疲れていたので、私はすぐ寝た。

(2) **It may be that I lost my wallet** when I went to the office.

> ▶ It may be that ... で「…かもしれない」という意味の表現で、perhaps や maybe という副詞に相当します。

［訳例］ひょっとすると、会社に行ったときに財布を失くしたかもしれない。

3

(1) To save money, I started cooking at home more often. (p. 54)

(2) It seems that the weather will be nice tomorrow. (p. 57)

2 主語

🔊 TR11

「主語」は動作や状態の主体を表す部分で、日本語の「〜は」「〜が」に相当する部分のことです。英語で主語のことをSubjectと言い、頭文字をとってSとするのが慣例となっています。

英語で主語を見極めるには、文頭の名詞（句・節）・代名詞を意識的に探すようにするとよいでしょう。例えば、**John** is studying for his exams.「ジョンが試験のために勉強をしている」ではJohnが文頭の名詞でis studyingに対する主語の働きをしています。文頭の名詞を探す際には第1部 2「名詞のカタチ」(p. 38)で確認したことを意識しましょう。

また、前置詞が付いた名詞や代名詞は主語になることはできません。例えば、In the garden, **the flowers** were in full bloom.「庭では花が満開になっていた」では、the garden「庭」は前置詞inが付いていることから主語にはなれず、あくまでthe flowersがwereに対する主語になります。これも「修飾」(p. 45)で確認したことを意識しましょう。

ここでは、句や節ごとに主語になるものを確認した上で、文頭の副詞との見分け方なども扱いたいと思います。

1 主語になる名詞句

p. 18で紹介した「句」が名詞句として主語になることがあります。主語になる名詞句には、不定詞名詞用法（to + V原形が名詞句になった形）と動名詞（Vingが名詞句になった形）があります。どちらかというと不定詞は「（これから）〜する」という未来志向的なニュアンスがあり、動名詞は「（すでに）〜した、（一般論や習慣として）〜する」という過去志向的なニュアンスがありますが、当面は主語になるこれらの名詞句は「〜すること」と訳せばよいでしょう。

To write a novel requires a lot of dedication.

❶ 副 詞	❷ 主 語	❸ 述語動詞	❹ 補 部	❺ 副 詞

▶ 文頭のTo write a novelという不定詞のカタマリはrequiresという動詞に対する主語になる名詞用法で、「小説を書くこと」と訳します。どちらかというと「（これから）小説を書くには多くの献身が必要だ」というニュアンスになります。

第2部 全体像の要素を見分ける 1 文頭のパターン

61

❶	❷	❸	❹	❺
	(To write a novel)	requires	a lot of dedication	

[訳例] 小説を書くにはたくさんの献身が必要だ。

Swimming in the ocean is my favorite summer activity.

❶ 副　詞	❷ 主　語	❸ 述語動詞	❹ 補　部	❺ 副　詞

▶ Swimming in the oceanがisという動詞の前にあるので「海で泳ぐこと」という意味の名詞句（動名詞）になり、このカタマリが主語になります。不定詞を主語とした場合と違って、どちらかというと「(習慣として) 海で泳ぐことは私の夏のお気に入りの活動だ」というニュアンスになります。

❶	❷	❸	❹	❺
	(Swimming in the ocean)	is	my favorite summer activity	

[訳例] 海で泳ぐことは私の夏のお気に入りの活動だ。

2 主語になる名詞節

　p. 26で紹介した「節」が名詞節として主語になることがあります。節を導く表現は接続詞・関係詞・疑問詞ですが、名詞節を導くのは接続詞that, whether, if（ただしifは主語にはなりません）と関係詞what, how、そして疑問詞です。

That she passed the exam was a relief to everyone.

❶ 副　詞	❷ 主　語	❸ 述語動詞	❹ 補　部	❺ 副　詞

▶ 文頭のThatは接続詞の働きで、That she passed the examという〈接続詞＋文〉全体が「節」という働きをします。このthat節全体がwasという動詞に対する主語になる名詞節で、ここでは「…ということ」という意味になります。

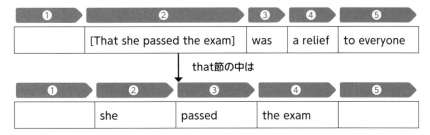

[訳例] 彼女が試験に合格したことはみんなにとってほっとさせるものだった。

Whether he will come to the party or not is not important to us.

▶ 接続詞のwhetherは名詞節を導くと「…かどうか」、副詞節を導くと「…しようとしまいと」という意味になります。ここではWhether he will come to the party or not 全体がisに対する主語になる名詞節となっています。Whetherは節の中にor notにあたる表現が現れます（名詞節では書かないことがありますが、副詞節ではor notに相当する表現は必ず必要です）が、この例文ではor he will not come to the partyがそれに相当する内容です。or notは例文のように節の末尾に現れるか、whetherの直後に現れます。

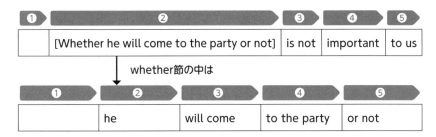

[訳例] 彼がパーティーに来るかどうかは私たちにとっては重要ではない。

3 仮主語（形式主語）

1や2のように句や節が主語となった場合、英語では長い主語を避けて文末に置く傾向があり、仮の主語として特に意味のないitを②の主語の位置に置いて（このitのことを仮主語あるいは形式主語と呼びます）、⑤の位置に元々の主語を置くことがあります（こちらは真主語と呼びます）。

この仮主語が現れやすい構文にはある程度特徴があります。詳細は「補部—より正確な理解へ」(p. 106以降) で紹介したいと思いますが、ここでは仮主語を含む文をいくつか見ていきたいと思います。訳出する際には真主語を仮主語のitに代入して訳出するようにするとよいでしょう。逆に話したり聞いたりするときは、前述のようにある程度仮主語が現れやすい構文が決まっているので、例文を暗唱しておくと自然と内容をとらえながら話したり聞いたりすることができるようになります。

It is important to pay attention to your inner voice.

❶ 副 詞	❷ 主 語	❸ 述語動詞	❹ 補 部	❺ 副 詞

▶ Itが仮主語でto pay ... voiceが真主語になる名詞句です。To pay attention to your inner voice is importantに相当します。

❶	❷	❸	❹	❺
	It 仮S	is	important	(to pay attention to your inner voice) 真S

[訳例] 心の中の声に注意を払うことが重要です。

It is obvious that Bob broke the window.

❶ 副 詞	❷ 主 語	❸ 述語動詞	❹ 補 部	❺ 副 詞

▶ Itが仮主語でthat節が真主語です。That Bob broke the window is obvious.に相当します。

❶	❷	❸	❹	❺
	It 仮S	is	obvious	[that Bob broke the window] 真S

[訳例] ボブが窓を割ったのは明らかだ。

It is not yet known who painted the great painting on the wall.

❶ 副詞	❷ 主語	❸ 述語動詞	❹ 補部	❺ 副詞

▶ Itが仮主語で疑問詞who (誰が…したのか) が導く名詞節が真主語です。Who painted the great painting on the wall is not yet known. に相当します。

❶	❷	❸	❹	❺
	It 仮S	is not yet known		[who painted the great painting on the wall] 真S

[訳例] 誰がその壁にそのすばらしい絵を描いたのかということはまだわかっていない。

4 文頭のパターン―文頭の副詞と主語の見分け方

文頭に句や節がくる場合、見た目が同じ表現を使うことが多いので、文頭の副詞なのか主語なのかという区別をすることが重要になります。基本的には、以下のように考えると区別しやすいはずです。

・ ☐ + V ...   → ☐ =主語になる名詞句もしくは名詞節
・ ☐ (,) S + V ...→ ☐ =文頭の副詞句もしくは副詞節

基本的には直後が〈動詞〉であれば、主語になる名詞句もしくは名詞節と判断できるのに対し、直後に〈S + V〉があれば、文頭の副詞句もしくは副詞節と判断することができます。

To study English needs a lot of time and effort.

❶ 副詞	❷ 主語	❸ 述語動詞	❹ 補部	❺ 副詞

▶ To study English「英語を勉強する」というカタマリがneedsという動詞の前にありますから、主語になる名詞用法の不定詞だと判断できます。

①	②	③	④	⑤
	(To study English)	needs	a lot of time and effort	

［訳例］ 英語を勉強するには多くの時間と労力が必要だ。

To study English Marie studied abroad.

①副詞	②主語	③述語動詞	④補部	⑤副詞

▶ 同じ不定詞のカタマリですが、Marie(S) studied(V)という文の前にあることから副詞用法の不定詞だと判断します。文頭に副詞用法の不定詞があるときは原則として「〜するために」という目的を表します。

①	②	③	④	⑤
(To study English)	Marie	studied	abroad	

［訳例］ 英語を勉強するためにマリエは留学した。

Whether he gets a scholarship or not depends on how hard he studies at school.

①副詞	②主語	③述語動詞	④補部	⑤副詞

▶ Whetherが導く節がdependsという動詞の前にあるので、このWhetherは名詞節を導く接続詞で「…かどうか」という意味になります。depend on 〜はここでは「〜によって決まる、〜次第だ」という意味の動詞です。

①	②	③	④	⑤
	[Whether he gets a scholarship or not]	depends	on [how hard he studies at school]	

［訳例］ 彼が奨学金をもらえるかどうかは、彼が学校でどれほど一生懸命勉強するかによって決まる。

Whether he gets a scholarship or not, he hopes to study abroad.

▶ Whether が導く節が he(S) hopes(V) という文の前にあるので、この whether 節は副詞節を導く接続詞で「…しようとしまいと」という意味になります。

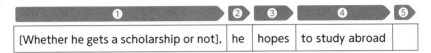

[訳例] 奨学金をもらえようがもらえなかろうが、彼は留学したいと思っている。

2-1-2 主語 演習　　　🔊 TR12

✎ 問題

1 以下の各文の主語を○で囲み、述語動詞に＿＿を引いた上で、和訳してください。

(1) Walking in the park is a relaxing pastime.

(2) To climb the mountain successfully, we must prepare well.

(3) The woman I talked to on the phone earlier is my boss.

(4) Whether he will come to the party or not is uncertain.

2 以下の各文について、括弧内の語（句）を並べ替えて、正しい英文にしてください。
（文頭で始まる語も小文字で記してあります）

(1) (a / great / is / running) way to stay in shape.

(2) By (a / group / river / saw / the / we / ,)of ducks swimming.

(3) (exam / need / the / to / pass / you / ,) to study very hard.

3 以下の日本語を英訳してください。

(1) 彼女が試験に合格したということはみんなにとってほっとさせるものであった。

(2) 心の中の声に注意を払うことが重要です。

💡 解答 & ワンポイント解説

1

(1) (Walking <in the park>) is a relaxing pastime.

　▶ 文頭のWalkingは、isというbe動詞の前ですから主語になる動名詞だと判断します。

　[訳例] 公園で散歩をすることはくつろげる娯楽です。

(2) (To climb the mountain successfully), we must prepare well.

　▶ 文頭のTo climbは、主格の人称代名詞、つまり主語であるweの前ですから、「〜するために」という目的を表す副詞用法の不定詞だと判断しましょう。

　[訳例] その山に登ることに成功するために、私たちは十分に準備をしなければなりません。

68

(3) [The woman] [I talked to on the phone earlier] is my boss.

> ▶ The womanが文頭の名詞なので主語だと判断します。The womanの直後にI talked …と〈名詞＋SV〉という形になっていることから関係代名詞の省略を疑いましょう (p. 31)。ここでは前置詞toに対する目的格の関係代名詞thatが本来The womanの後にありますが、それが省略されてI … earlierがThe womanを修飾する形容詞節になっており、その後のisがこのThe womanに対する述語動詞だと判断できます。

[訳例] 先ほど電話で私が話した女性は、私の上司です。

(4) [[Whether he will come to the party or not]] is uncertain.

> ▶ whetherは接続詞で「…かどうか」という意味の名詞節と「…しようとしまいと」という意味の副詞節を導く可能性がありますが、ここではisというbe動詞の前ですから主語になる名詞節だと判断できます。

[訳例] 彼がパーティーに来るかどうかは確かではありません。

2

(1) **Running is a great** way to stay in shape.

> ▶ Runningがisに対する主語になる動名詞。greatは形容詞で、aとwayの間に入り、a great way全体がisに対する補語になっています。

[訳例] ランニングは体調を維持する良い方法です。

(2) By **the river, we saw a group** of ducks swimming.

> ▶ 前置詞のbyは場所を表す名詞と一緒に用いると「～のそばに」という意味になります。By the riverは前置詞句で修飾語になり、その後に主語として主格のwe、動詞のsaw (seeの過去形)と並べます。文頭の前置詞句と主語の間に、意味の切れ目としてカンマ (,)を振りましょう。

[訳例] 川のそばで、私たちは鴨の群れが泳いでいるのを見ました。

(3) **To pass the exam, you need** to study very hard.

> ▶ youが主語、needが動詞です。To pass the examを主語の前に置くと「～するために」という目的を表す副詞用法の不定詞になるので、意味の切れ目として主語との間にカンマを振りましょう。

[訳例] 試験に合格するために、とても一生懸命勉強する必要がある。

3

(1) That she passed the exam was a relief to everyone. (p. 62)

(2) It is important to pay attention to your inner voice. (p. 64)

2 動詞とその周辺

〈全体像におけるこの項目の「位置」〉

❶〈副詞〉 導入

❷主語 Subject

❸ 述語動詞 Verb

❹補部
[1] 目的語 Object
[2] 補 語 Complement
[3] 付加部 Adjunct

❺〈副詞〉 補足説明

---

1 動詞のカタチ（＋助動詞）　　🔊 TR13

　「英文の全体像」の③の位置にくる「述語動詞」は、その文でどういう動作や出来事が起こるのか、どういう状態を表すのか、といったことを表す部分になります。この部分に現れる要素の最大公約数をまとめると以下のような形になります。

❸ 述語動詞			
助動詞	×	〈副詞〉 （否定・頻度）	一般動詞
	be動詞		×

　上記の図で ⬜ で囲んでいる部分は、どちらかが必ず現れる要素です。つまり、どんな文にも 一般動詞 か be動詞 のいずれかが現れ、それ以外の要素は必ずしも現れるとは限りません。ここでは、③の部分に現れる「動詞」について説明した上で、その前後に現れる助動詞や副詞について説明をします。

1 動詞の種類

　動詞には「一般動詞」と「be動詞」と呼ばれる2種類の動詞があります。

一般動詞

　後述するbe動詞以外のすべての動詞（doやhaveなどが代表例）のことを一般動詞と言います。使い方の詳細は2-2、2-3などで見ていきますので、ここでは「一般動詞」という名称の紹介だけにとどめます。

be動詞

　be動詞は、後述の第1文型（S ＋ V）で用いると「存在する［いる、ある］」（God is.「神は存在する」）、第2文型（S ＋ V ＋ C）で用いると「SはCだ」（I am a student.「私は学生だ」）という意味になりますが、それ以外にも後述の進行形（be ＋ Ving）や受動態（be ＋ Vp.p.）で用いると、このbeは助動詞としての働きをすることがあります（厳密には助動詞という分類ですが、be ＋ Vingやbe ＋ Vp.p.全体で動詞のカタマリと考えればよいです）。

　be動詞は主語の種類によって、以下のように使い分けます。

②主語		③be動詞	
	人称	現在形	過去形
単数形	一人称(I「私は」)	am	was
	二人称(You「あなたは」)	are	were
	三人称(He「彼は」She「彼女は」It「それは」)	is	was
複数形	一人称(We「私たちは」)	are	were
	二人称(You「あなた方は」)	are	were
	三人称(They「彼ら／彼女ら／それらは」)	are	were

　これをうろ覚えのままだといつまで経っても英語ができるようになりません。ここは頑張って丸暗記して、主語を見た瞬間に自動的にその主語に対応したbe動詞が頭に浮かぶ、というぐらいまで練習を繰り返してください。英文法のルールはある程度「理屈」を理解すると覚える負担は減りますが、be動詞の活用と一般動詞の不規則活用だけは「丸暗記」するしかありません。ただし覚えてしまえば、この後の英語学習が楽になるので、頑張りましょう。ここでこの活用についてやり出すとキリがなくなってしまいますので本書では上記の一覧の紹介にとどめます。万一、この活用が現時点で怪しいという人は変なプライドは捨てて、小中学生向けのドリルなどでこういう動詞の活用を定着させる練習をしましょう。

自動詞と他動詞

　動詞には、自動詞という用法と他動詞という用法があります。

- **自動詞**：④の位置に目的語を伴わない動詞のことです。辞書によっては頭文字をとって 自 、もしくは自動詞に相当する英語intransitive verbから Vi と表記されます。
- **他動詞**：④の位置に目的語を必要とする動詞のことです。辞書によっては頭文字をとって 他 、もしくは他動詞に相当する英語transitive verbから Vt と表記されます。

　be動詞はすべて自動詞です。一般動詞は自動詞と他動詞の用法がありますが、動詞によっていずれかの用法に限るものもあれば、同じ動詞でも自動詞・他動詞両方の用法があるものもあります。目的語の有無、そして自動詞か他動詞かといった問題は、「補部—より正確な理解へ」(p. 106以降) で見ていきますから心配はしないでください。ただ

し、普段から英文に直面するたびに目的語の有無を確認して、その都度、その用法を辞書で確認するようにしましょう（みなさんが「知っている」と思っている動詞であっても意外な用法があったりすることもありますから、こまめに辞書を引く習慣を身につけましょう）。

2 助動詞

助動詞には、厳密には話者の心的態度を表す「法助動詞」と呼ばれるもの（will, can, mayなど）と文法的な助動詞（疑問文や否定文などを作るときに用いるdoや、受動態や進行形で用いられるbe動詞や、現在完了で用いるhaveなど）がありますが、本書で助動詞というときは、基本的には前者の「法助動詞」のことを指すと考えてください（むしろ後述しますが、後者の文法的な助動詞は「動詞の一部分」と考えたほうが楽だと思います）。

助動詞は以下のように大きく分けてそれぞれ意志を表す用法と推量を表す用法があります。

	will	must	should	may	can	cannot [can't]
意志	～するつもりだ	～せねばならない	～すべきだ	～してよい	～できる	～できない
推量	～だろう	～にちがいない	～のはずだ	～かもしれない	～する可能性がある	～のはずはない

原則として、"主語がこれから行うこと"については意志の用法、"過去・現在・未来問わずその文の話者の判断"については推量の用法になることが多いのですが、細かいニュアンスや使い分けはまた別の機会にしたいと思います（最初のうちはその都度、辞書で用法や用例を確認しましょう）。ここでは、「英文の全体像」との観点から助動詞について説明していくことにしましょう。

> **★ 知識事項 （+α） 助動詞相当表現**
>
> mustにはhave to、canにはbe able toといった意味的に対応する表現がありますが、have toやbe able toは助動詞ではなくhaveやbeといった動詞の熟語です（その証拠に、例えば法助動詞は否定する場合はmust not V原形、cannot[can't] V原形となりますが、後者の表現はdon't have to V原形、is / am / are not able to V原形と普通の動詞と同じように否定します（p. 188「文の種類」））。意味的に対応しているという言い方をしましたが、厳密に言うと意味的に違いがあり、使い方にも違いがあります。ここで簡単に記したいと思います。
>
> **have to V原形「Vせねばならない」**：mustは話者の主観的な判断を表すのに対して、have toの場合は状況や規則で決まっているからせねばならないといった客観的な判断を表します。

I must / have to do more exercise for my health.

> ▶ 前者は話者の主観的な判断を表すのに対し、後者は例えば医者からの指示でそうしなければならないという客観的な判断を表します。

［訳例］私は健康のためにもっと運動をせねばならない。

was [were] able to V原形「Vできた」：couldは「（やろうと思えば）できた」という過去の能力を表すのに対し、was[were] able to V原形は「実際できた」という過去の1回限りの出来事を表します。現在形の場合は同じように使えますが、canのほうが圧倒的に頻度が高いです。

I could swim very fast when I was young.

［訳例］私は若い頃はとても速く泳ぐことができた。

I was able to swim the river in just five minutes.

［訳例］私はたった5分でその川を泳いで渡ることができた。

> ▶ 前者は若い頃にそういう能力があってやろうと思えばできたという内容ですが、後者は過去のある時点で実際にやったということを表しています。

その他注意点：*will mustや*will canのように法助動詞を重ねて用いることはできません。もし未来における義務や能力を表す場合は、willとこれらの代用表現を組み合わせてwill have toやwill be able toとします。

You will have to wait until the weekend.

［訳例］週末まで待たなければならないだろう。

助動詞＋V原形

　助動詞は後ろに動詞の原形を伴って〈助動詞＋V原形〉の形で用いると、現在行われている事柄についてどう思っているのか、という話者の現在の気持ちを表します。

You should study harder.

> ▶ 主語であるYouがこれからもっと一生懸命勉強するべきだという助言を表しています。

［訳例］もっと一生懸命勉強するべきだ。

The train should arrive in five minutes.

> ▶ ある特定の列車の、今後の到着時刻に関する話者の推量を表しています。

［訳例］列車はあと5分で到着するはずだ。

You may use my car tomorrow.

> ▶ 主語であるYouが明日車を使うことに対する許可を表しています。

［訳例］明日私の車を使ってもいいですよ。

I don't know Mary's phone number, but Bob may know it.

> ▶ すでにボブがメアリーの電話番号を知っているのかどうかということに対する話者の推量を表しています。

［訳例］私はメアリーの電話番号を知らないが、ボブは知っているかもしれない。

助動詞過去形

　助動詞には「過去形」と呼ばれるものがあり、would（willの過去形）、could（canの過去形）、might（mayの過去形）などがあります。

　以下のように過去時制で書かれた文脈で用いると、過去の事柄を表します。

My mother said that she would be home by 5 p.m.

> ▶ My mother said, "I will be home by 5 p.m."という引用符に入った文（厳密にはこれを直接話法と言います）と比較してみるとわかりやすいと思います。say「話す」という動詞の過去形のsaidが使われていることから、それに合わせてwillがwouldとなって（これを「時制の一致」と言います）おり、過去から見た未来を表しています。

［訳例］母は、午後5時までには帰宅すると言った。

　ところが、現在時制で書かれた文脈の中にこれらの助動詞の過去形が現れることがあります。この場合は、助動詞過去形は「現在」の事柄を表しています。助動詞の現在形もあるのに過去形を現在の文脈で用いるのはなぜでしょうか？　助動詞の過去形は一言で言うと「距離感」を出します。そのため、丁寧な言い方になったり、遠回しな婉曲表現になったり、事実から距離感があること、つまり仮定法（事実に反する事柄）を表す場合に用いるのです。

Would you open the door, please?

> ▶ Will you open the door?という助動詞の現在形を使った言い方よりも丁寧な言い回しになります。

［訳例］ドアを開けてくれませんか？

74

You <u>might be</u> wrong.

▶ You may be wrong. というよりも断言を避けたより遠回しな婉曲表現になります。

［訳例］あなたは間違っているかもしれません。

If I were you, I <u>wouldn't say</u> such a thing.

▶ 実際には私はあなたではないので、現在の事実に反する仮定法を表します。これを文法用語で仮定法過去と言います。本書では仮定法は扱いませんが、助動詞の過去形とともに使われるということを頭の片隅に置いておくと、今後発展的な学習をする際に、「英文法の展望台」の中でうまく使いこなせるようになるでしょう。また、仮定法過去では一部の口語表現を除いて、たとえ主語がIでもbe動詞はwasではなくwereを用います。

［訳例］もしも私があなただったら、そのようなことは言わないでしょう。

助動詞＋ have Vp.p.

　上記のように助動詞過去形が「現在」の事柄を表すとなると、過去の事柄を表したいときにはどうすればよいのでしょうか？　助動詞は現在形でも過去形でも現在の気持ちを表します。過去形の場合その気持ちが遠回しになるだけです。助動詞は後ろに「原形」しか置くことができず、過去形を置くことはできません。後ろに原形しか置けないという点で不定詞のtoと似ています。不定詞は後ろに原形しか置けないので、過去の事柄を表す場合はto have Vp.p. という形を用います。例えば、現在の事柄として「彼は金持ちのようだ」と言うときは、He seems to be rich.（＝ It seems that he is rich.）ですが、過去の事柄として「彼は若い頃金持ちだったようだ」と言うときは、He seems to have been rich when he was young.（＝ It seems that he was rich when he was young.）となります。

　助動詞も、〈助動詞＋ have Vp.p.〉という形を用います。助動詞自体は現在の話者の気持ちを表すので、「過去の出来事を振り返って今現在の話者の気持ちをコメントする」というニュアンスだと考えるとよいでしょう。助動詞＋ have Vp.p. という形は大きく分けて以下の２つの用法があります。

・**過去の推量**「（昔）Vしたかもしれない（と今思う）」

　過去に起こった出来事に対する話者の今現在の推量を表します。推量の助動詞の訳語はp. 72の表に示してある現在の推量の場合に準じます。

Monica is too late. She <u>may have missed</u> the train.

> ▶ may have Vp.p.で「Vしたかもしれない」という意味になります。発話している現在の時点で到着が遅すぎるという証拠があることから、モニカが過去の時点で列車に乗り遅れたということを話者が今現在推測しています。

[訳例] モニカはあまりにも遅い。彼女は列車に乗り遅れたのかもしれない。

This report is too good. John <u>cannot have written</u> it by himself.

> ▶ cannot have Vp.p.で「Vしたはずはない」という意味になります。

[訳例] この報告書のできが良すぎる。ジョンが一人で書いたはずはない。

・**過去の後悔**「(昔) Vすべきだったのに (しなかったと今後悔している)」

I <u>should have studied</u> English harder when I was in high school.

> ▶ should have Vp.p.はここでは「Vすべきだったのに (しなかった)」という過去の後悔を表します。ただし、should have Vp.p.には「Vしたはずだ」という過去の推量を表す用法もあるので、その都度、前後関係から意味を考えるようにしましょう。

[訳例] 高校生のときにもっと一生懸命英語の勉強をするべきだったのに。

★ 知識事項 +α 助動詞mustとその使い分け

　前述の通り、過去の文脈で用いればwouldやcouldは過去における予定や能力などを表します。ところが、mustには「過去形」が存在しません。そこでmustについては、同意表現のhave toとの組み合わせで以下のように用います。

現在：must V原形／have to V原形「Vせねばならない」、「Vにちがいない」(p. 72参照)
過去：had to V原形「Vせねばならなかった」
　　　must have Vp.p. 「Vしたにちがいない」

My car was broken, so I <u>had to take</u> the train to work.

[訳例] 車が故障していたので、職場まで電車に乗らなければならなかった。

The ground is wet. It <u>must have rained</u> at night.

[訳例] 地面が濡れている。夜に雨が降ったにちがいない。

　must自体は「現在における話者の気持ち」を表しますが、前述の通り後ろに完了形を置くと、「Vしたにちがいない」という過去の推量を表します。

★ 知識事項 +α needの使い分け

「～する必要がある」という意味のneedは、動詞の用法に加えて、否定文と疑問文に限り、助動詞の用法があります。ただし動詞と助動詞で品詞が異なるわけですから、以下のような違いが出てきます。

・現在「Vする必要がある」
動詞　：don't need to V原形「Vする必要はない」
助動詞：need not V原形「Vする必要はない」

You <u>don't need to finish</u> it today. / You <u>need not finish</u> it today.

［訳例］今日それを終える必要はない。

・過去
動詞　：didn't need to V原形「Vする必要はなかった」
助動詞：need not have Vp.p.「Vする必要はなかったのに（した）」

You <u>didn't finish</u> it today.

［訳例］今日それを終える必要はなかった。

You <u>need not have finished</u> it today.

［訳例］今日それを終える必要はなかったのに。

▶ 動詞の場合は終えたのかどうかまでは不明ですが、助動詞を使った場合は、終える必要はなかったのに終えた、という意味が含まれています。

3 述語動詞の位置に現れる副詞

「文頭の副詞」(p. 52) とは違って、「述語動詞」の位置に現れる副詞は、否定（not, never, hardlyなど）を表す副詞や、頻度（often, sometimesなど）や可能性（perhaps, maybeなど）を表す副詞に限られます。これらの副詞がこれ以外の場所に現れることもあります（特に頻度や可能性を表す副詞は①や⑤の位置に現れることが多いです）が、ご自身で英作文などをするときはまずはこの位置に置くことを心がけるようにしましょう。

I have <u>never</u> seen such a beautiful picture.

❸ 述語動詞

助動詞	×	〈副詞〉 （否定・頻度）	一般動詞
have		never	seen

［訳例］私はそのような美しい写真を見たことはない。

It is <u>sometimes</u> difficult to keep a dairy every day.

❸ 述語動詞			
助動詞	be動詞	〈副詞〉 (否定・頻度)	×
	is	sometimes	

[訳例] 日記を毎日つけることが難しいことが時々ある。

2-2-1 動詞のカタチ（＋助動詞） 演習　　🔊 TR14

✎ 問 題

1 以下の各文の（　）内に、〈　〉内に示されている動詞（および助動詞・副詞）を正しい形・語順にして、和訳してください。

(1) Somehow Bob and Jane (　　　) mistaken for a couple. <be / sometimes>

(2) When I was a child, my father (　　　) me for trivial things. <often / scold / will>

(3) Since you were very busy, it (　　　) difficult for you to read the 500 page book in two days. <be / must>

(4) You (　　　) your mobile phone when you go out. <always / carry / don't / need / to>

2 以下の各文について、括弧内の語（句）を並べ替えて、正しい英文にしてください。

(1) Babies (by / can / often / recognize / things / touching) them.

(2) Daisy (an / accident / have / had / her / may / on / way) here because she is too late.

(3) I (able / be / finish / to / will / writing) the report by this time tomorrow.

3 以下の日本語を英訳してください。

(1) 私はたった5分でその川を泳いで渡ることができた。

(2) 毎日日記をつけることが難しいことが時々ある。

💡 解 答 & ワンポイント解説

1

(1) Somehow Bob and Jane **are sometimes** mistaken for a couple.

> ▶ 主語がBob and Janeという三人称複数ですからbe動詞はareにして、sometimes「ときどき」という頻度を表す副詞はbe動詞の直後に置きます。

[訳例] どういうわけか、ボブとジェーンはときどき夫婦に間違われる。

(2) When I was a child, my father **would often scold** me for trivial things.

> ▶ 「子供の頃に」という過去の話ですから、willの過去形のwouldにします。would often Vで「昔はよくVしたものだ」という過去の習慣を表します。

79

[訳例] 私が子供の頃は、父がささいなことでよく私を叱ったものだった。

(3) Since you were very busy, it **must have been** difficult for you to read the 500 page book in two days.

> ▶ 過去の文脈で使われていますから、must have Vp.p.とすると「Vしたにちがいない」という過去の推量を表します。be動詞の過去分詞はbeenです。

[訳例] あなたはとても忙しかったので、その500ページの本を2日で読むのは大変だったにちがいない。

(4) You **don't always need to carry** your mobile phone when you go out.

> ▶ 「Vする必要はない」は動詞のneedを使えばdon't need to V、助動詞のneedを使えばneed not V (need not always carry) となります。not alwaysで「必ずしも〜とは限らない」という意味になり、これを部分否定と言います。

[訳例] あなたは外出する際に必ずしも携帯電話を持ち運ぶ必要はない。

2

(1) Babies **can often recognize things by touching** them.

> ▶ 助動詞canと動詞recognizeの間に頻度を表す副詞oftenを入れます。by Vingは「Vすることによって」という意味でrecognizeを修飾する副詞句になっています。

[訳例] 赤ん坊はものに触れることでそれらを認識できることが多い。

(2) Daisy **may have had an accident on her way** here because she is too late.

> ▶ may have Vp.p.で「Vしたかもしれない」という過去の推量を表します。on one's way hereで「ここに来る途中で」という意味です。

[訳例] あまりにも遅いから、デイジーはここに来る途中で事故にあったのかもしれない。

(3) I **will be able to finish writing** the report by this time tomorrow.

> ▶ 未来を表す助動詞willと「〜できる」という助動詞相当表現be able toを並べるときはwill be able to Vという順序にします。finish Vingで「Vすることを終える」の意味。

[訳例] 私は明日のこの時間までにその報告書を書き終えることができるだろう。

3

(1) I was able to swim the river in just five minutes. (p. 73)

> ▶ swimは自動詞だと「泳ぐ」、他動詞だと「〜を泳いで渡る」という意味です。

(2) It is sometimes difficult to keep a diary every day. (p. 78)

80

2 動詞の時制

🔊 TR15

　時制とは、その出来事や行為が行われているのがいつなのかを表す形式で、英語では動詞を活用することで表します。注意していただきたいのは、日本語にも時間の表し方はありますが、英語と日本語で時制が一対一の対応をしているわけではない、ということです。ここでは大まかな英語の時制について概観しますが、日本語とは違うのだということをしっかり意識してください。

　英語の時制は「現在形」と「過去形」だけです（厳密にはこれをテンス（tense）と言います）。現在と過去における出来事をどう表すかによって、単純形の他、進行形、完了形、完了進行形といった形が用いられます（厳密にはこれをアスペクト（aspect）と言います）。askを例にした下の表について、縦軸のテンスがすべての文に必ず存在し、横軸のアスペクトが文によって有無が異なるものだ、とご理解ください。

		アスペクト			
		単純形	進行形	完了形	完了進行形
テンス	現在形	ask[asks]	is[am, are] asking	have[has] asked	have[has] been asking
	過去形	asked	was[were] asking	had asked	had been asking

　本書では、単純形をまとめてすべて「現在形」「過去形」と呼ぶことにします。なお、英語には「未来形」という時制は存在しませんが、未来を表す表現はあるため、それらものちほど取り上げます。

1 基本時制と進行形

現在形

　現在形はその名前から今現在のことを表すと誤解しがちですが、厳密には「現在の事実」を表します。「昔も今も、そして未来も変わらないこと」を表すというイメージを持つとわかりやすいと思います。この昔とか未来がどれくらいの幅があるのかは文脈により変わりますので、以下の例文で見比べてみましょう。

　　I usually <u>drink</u> coffee after breakfast.

　　▶ 朝食後にコーヒーを飲むのは昨日も今日も変わらない習慣なので現在形で表します。

　　[訳例] 私は、いつも朝食後にコーヒーを飲みます。

81

My sister belongs to the tennis club at high school.

> ▶ テニス部に所属しているのは高校3年間は変わらない事柄なので現在形で表します。

[訳例] 私の妹は高校でテニス部に所属しています。

The sun rises in the east and sets in the west.

> ▶ 太陽の動きは昔も今も変わらない事柄なので現在形で表します。

[訳例] 太陽は東から昇り、西に沈みます。

現在進行形

　それに対して現在進行形は〈is[am, are] + Ving〉という形で、「今している最中の事柄」を表します。現在形との違いは以下のような時間軸をイメージすると良いでしょう。

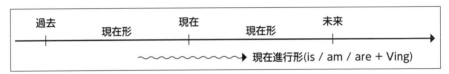

　厳密に言うとこのbe動詞が助動詞の働きをして、Vingが動詞ということになりますが、これ全体で1つの動詞のカタマリと考えた方が楽だと思います（ただし、副詞などが現れる位置を意識する意味でも、現在進行形におけるbe動詞は助動詞なのだということは、頭の片隅に置いておいてください）。

We are watching the quiz show on TV now.

> ▶ 今テレビを見ている最中であることを示します。その一方でWe watch the quiz show on TV every Wednesday.「私たちは毎週水曜日にテレビでそのクイズ番組を見ます」とすると、毎週の変わらぬ習慣を表すので現在形になります。

[訳例] 私たちは今テレビでそのクイズ番組を見ているところです。

　現在進行形で用いる動詞は動作動詞で、以下の動詞は進行形にしないのが原則です。

・**状態動詞**
　belong「所属している」、contain「～を含んでいる」、exist「存在する」、have, possess「～を所有している」、resemble「～に似ている」など

・**感覚動詞**
　see「見える」、hear「聞こえる」、feel「感じがする」など

・心理状態や思考を表す動詞

like, prefer, love「好む」、want「欲しい」、hope, wish「望む」、fear「恐れる」、believe「信じる」、know「知っている」など

My brother has a lot of model airplanes.

▶ 兄に模型飛行機のコレクションがあることは昔も今も変わらないことなので進行形ではなく単純な現在形で表します。

[訳例] 私の兄はたくさんの模型飛行機を持っています。

ただし、以下の点に気をつけてください。

まず、上記の動詞であっても、例えばhaveは「〜を持っている」という意味であれば状態動詞なので進行形にはできませんが、「食べる」や「時間を過ごす」などのように動作動詞の語義になる場合は進行形にすることができます。「1つの単語につき1つの意味」という覚え方をするのではなく、どの場合にどの意味になるのかということを常に意識しましょう。

We are having lunch at the school cafeteria.

[訳例] 私たちは学校のカフェテリアで昼食を食べているところです。

We are having a good time at the party.

[訳例] 私たちはパーティーで楽しんでいるところです。

さらに、「いつもと違って今だけ〜している」といった一時的な状態を表す場合は状態動詞であっても進行形になります。動作動詞・状態動詞というくくりだけで決めるのではなく、その都度、文脈をしっかりと考えていくようにしましょう。

John is wearing glasses today.

▶ wearは「〜を着用している」という状態を表し、John wears glasses.（ジョンはメガネをかけている）とすると、ジョンという人物の風貌がメガネをかけている人だということになりますが、進行形にすると、例えば普段はコンタクトレンズをつけているのに、今日だけいつもと違ってメガネをかけているという一時的な状態を表すことになります。

[訳例] ジョンは、今日はメガネをかけている。

✦ 知識事項 +α　変化・推移を表す進行形

次の文はどういう意味でしょうか？

The elephant is dying of hunger.

「死んでいる最中」は明らかにおかしいですね。進行形は「〜している最中」というのが基本の意味ですが、している最中ということは、まだ終わっていない、つまり「未完了」という裏の意味があります。ここでは「死」が未完了、ということから、死という完結に向かっている最中だ、ということから「死にかけている」という意味になります（例文は、「その象は飢え死にしかけている」という意味になります）。

このように完結や達成を表す動詞（die「死ぬ、枯れる」、finish「終える」arrive「到着する」など）を進行形で用いると、完結や達成に向けての"変化・推移"を表し、「〜しつつある」という意味になります。

Jane is resembling her mother more and more.

▶ resembleは「〜に似ている」という状態動詞で普通は進行形にはせず、Jane resembles her mother.（ジェーンは母親に似ている）といった使い方をします。これは、ジェーンが母親に似ているという「完結」した状態です。これを進行形にすると、「母親に似ている」という完結した状態への変化・推移を表すことになります。

［訳例］ジェーンは母親にますます似てきている。

The leaves are turning red.

▶ turn redで「葉が赤くなる」つまり「紅葉する」という変化を表しますが、これを進行形にすると「紅葉しかけている」という変化の完結に向けた推移を表します。

［訳例］葉が紅葉しかけている。

✦ 知識事項 +α　非難を表す進行形

現在進行形をalways「いつも」などのような副詞と一緒に用いると、「いつも〜してばかりいて（困ったものだ）」という非難を表すことがあります。これは「〜している最中」という意味の進行形が「いつも」という意味の表現と用いられることで、その動作が習慣化されて、同じことが何度も何度も繰り返されるイメージからそういうニュアンスに結びつきます。

Mark is always complaining about his job.

［訳例］マークはいつも仕事の不満ばかり言っている。

過去形

過去形は現在形と対極的な時制で、「昔ずっとそうだったこと（今ではもうしなくなったこと）」を表すか、「過去の一回限りの出来事」のいずれかを表します。どちらの意味なのかはその都度、文脈から判断してください。

Yutaka played baseball when he was a child.

▶ ユタカは、昔はずっと子供だったが、その子供の頃に、野球をしていた（今はもうしていない）ということを表すために過去形が用いられています。

［訳例］ユタカは子供の頃野球をしていた。

I went to a bookstore yesterday and bought this book.

▶ 書店に行ったのも本を買ったのも昨日という、過去における一回限りの出来事を表しています。

［訳例］昨日書店に行って、この本を買いました。

過去進行形

　過去進行形は〈was[were] + Ving〉で、「過去の時点でしていた最中」の事柄を表すのが原則です。その他の用法も含めて、現在進行形が過去にスライドしただけだと考えればよいでしょう。

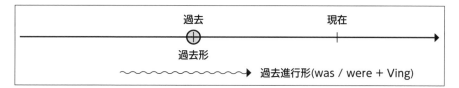

I was playing a video game when my mother came home.

▶ 母が帰宅したという過去の一回限りの時点において、テレビゲームをしていた最中だったということを表しています。

［訳例］母が帰宅したとき、私はテレビゲームをしている最中だった。

2 完了形

現在完了

　現在完了は〈have + Vp.p.〉という形をとります。よく「〜した、〜してしまった」と過去形のように訳すことがありますが、それは日本語にこの現在完了に対応する時制がないため、このような訳語になることがあるだけです。厳密に言うと現在完了は"have（助動詞の現在形）" + "Vp.p.（過去分詞）"であることから、"過去の出来事を今現在も持っている"と考えるとわかりやすいかと思います。つまり、過去の出来事が何

らかの形で今現在までつながりを持っている、ということを表しているのです。以下のような時間軸をイメージするとよいでしょう。「完了」「結果」「継続」「経験」といった細かい用法を分類するよりも、文を見るたびに"過去から現在へのつながり"ということを意識すると、すんなりとイメージがつかめるはずです。

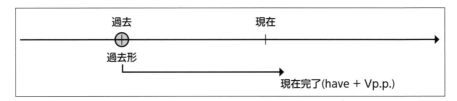

I have lost my wallet.

▶ 過去の時点で財布をなくし、その財布が今も見つかっていないという状況を表しています。それに対して、I lost my wallet.「私は財布をなくした」と過去形で用いると、今現在はどうなったのか（見つかったのか、新しい財布を買い直したのか）ということはわかりません。

[訳例] 私は財布をなくしてしまった。

We have known each other since we were children.

▶ 子供の頃（we were children）という過去の時点に知り合って、その知り合いという状態が今現在まで続いていることを表しています。

[訳例] 私たちは子供の頃からの知り合いだ。

I have been to the United States three times.

▶ 過去から現在に至るまでアメリカに3回行ったという経験があることを表します。ちなみにhave been to ...とした場合、このbe動詞はgoやcomeの過去分詞の代用で「～へ行った［来た］ことがある」「～へ行ってきたところだ」という意味になります。それに対してhave gone to ...とすると「～へ行ってしまった（今ここにいない）」という意味になるので注意してください。

[訳例] アメリカ合衆国に3回行ったことがある。

注意点としては、現在完了は現在とのつながりを持つため、以下に示すような「過去の一点」を明示する表現と一緒に使うことはできません（以下のような表現は過去時制

と一緒に用います)。

~ ago「~前」、last ~「この前の~」、yesterday「昨日」、just now「たった今、ついさっき」、when「…したとき」

*I *have been* to Hawaii twice when I was a child.
→ I <u>went</u> to Hawaii twice when I was a child.

> ▶ 「行ったことがある」という訳語からつい経験を表す現在完了と勘違いしがちですが、when I was a child「子供の頃」は過去形で書かれています。つまりハワイに行ったのは1回目も2回目も過去の出来事ですから、過去形で表さなければなりません。このように英語と日本語は一対一の対応をしているわけではありませんから、英語の時制は日本語とは違うのだという意識を持つことが重要です。

[訳例] 子供の頃に2回ハワイに行ったことがある。

過去完了

過去完了は〈had + Vp.p.〉という形ですが、現在完了とは違って、大きく分けると以下の2つの意味があります。

1つ目は前述の現在完了のイメージをそのまま過去にスライドさせ、大過去から過去へのつながりを表すものです。注意していただきたいのは、「大過去」というのは、すごく前とか大昔という意味ではなく、文中で用いられている過去形の動詞よりも「さらに前」に行われたことを表すだけだ、ということです。

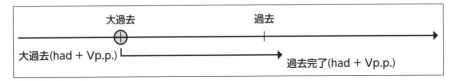

The train <u>had already left</u> when we arrived at the station.

> ▶ 私たちが駅に到着した (arrived) という過去の時点よりすでに前の時点で列車が出てしまって、その過去の時点までその影響が続いていることを表しています。

[訳例] 私たちが駅に到着した時、列車はすでに出てしまっていた。

2つ目は、「大過去そのものを表す」というものです。これは英語の表現としての限界で、例えばフランス語であれば「大過去形」という時制が別に存在するのですが、英語の場合、時制は現在形と過去形しかないため、それよりも前のことを表す場合、過去完了形で代用する、ということをしているのです。

When I <u>arrived</u> at the office, I <u>realized</u> that I <u>had left</u> my wallet in my house.

> ▶ 会社に到着したのも、気がついたのも過去の1回限りの出来事ですから過去形ですが、財布を忘れたのがそれよりも前の大過去を表すのでhad + Vp.p.となっています。

[訳例] 会社に着いたとき、家に財布を忘れたことに気がついた。

この過去完了について注意点が2点あります。

まずは、いつでもどこでも気軽に過去完了が使えるわけではない、ということです。「過去よりさらに前」ということが明示されない場合は使えない（そういう場合は普通に過去形を用いる）、ということをしっかり意識してください。

*No one *had lived* around here in the 19th century.
→ No one <u>lived</u> around here in the 19th century.

> ▶ 大昔の事柄は大過去などと誤解する人が意外と多いのですが、英語の時制はあくまで絶対的なものではなく相対的なものです。ここではin the 19th centuryという過去を表す表現があるだけですから過去形で表します。

[訳例] 19世紀にはこの辺りには誰も住んでいなかった。

2点目は、英語では現在形と過去形と、そして、大過去として過去完了を用いるわけですが、過去より前に起こった複数の事柄を表す際に限界があるということです。そこで、以下の例のように、出来事を起こった順に述べる場合や、前後関係が明らかな場合は、すべて過去形を使って表す、という決まりがあります。

I <u>bought</u> a dictionary a week ago, but <u>lost</u> it yesterday.

[訳例] 私は1週間前に辞書を買いましたが、昨日それをなくしました。

I <u>lost</u> the dictionary yesterday (which) I <u>had bought</u> a week before.

[訳例] 私は1週間前に買った辞書を昨日なくしました。

> ▶ 最初の文は「辞書を購入」→「紛失」と出来事を起こった順に述べているので、すべて過去形で表しています。それに対して2つ目の文は、(which) ... before が the dictionaryを修飾する形容詞節（p. 29「形容詞節」）として働いており、内容的には同じことを表していますが、出来事が起こった順とは逆の語順になってしまっているので、この場合は過去完了形で表します。ちなみに「〜前」という日本語に対応する英語には〜agoと〜beforeがありますが、〜agoは"今から前"という意味なので過去形と一緒

に用い、~beforeは"過去から前"という意味なので過去完了と一緒に用います。

未来完了

　未来完了形は現在完了形のイメージを未来に並行移動したものという印象をお持ちの方もいらっしゃるかもしれませんが、厳密に言うと"未来までのつながり"を表します。つまり、現在から未来までのつながりのみならず、過去から未来や、未来からさらに未来までのつながりを表しているのです。

以下の例文でさまざまな時点から未来までのつながりをご確認ください。

We will have been married for ten years next year.

▶ 9年前に結婚して今にいたり、来年まで結婚生活が続けば丸十年になるという、過去から未来までのつながりを表しています。

[訳例] 来年で結婚十周年になります。

I will have finished my homework by the time you come home.

▶ 今はまだ宿題が終わっておらず、今から先の未来の時点で宿題を終え、相手が帰宅するという未来の時点までに宿題が終わっているという状態が続いている、つまり未来からさらに未来までのつながりを表しています。

[訳例] あなたが帰宅するときまでには宿題を終わらせています。

完了進行形

　上記の現在完了・過去完了・未来完了にはそれぞれ"完了進行形"という形があります。これは単なる完了形と違って、動作がその時点まで継続しているか、すでに終わった事柄でもその動作の余韻がまだ残っている事柄を表します。ちなみに、進行形で表すことができない事柄は、完了進行形でも表すことはできません。

I have been waiting for Mary for more than thirty minutes.

▶ 30分以上前に待ち始めて、今も待っている最中だという意味を表します。

［訳例］私は30分以上メアリーのことを待っている。

My hands are dirty because I have been repairing my bicycle.

> ▶ 自転車の修理自体は終わったけれど、例えば手がオイルまみれになっているなど、その余韻が今もなお残っていることを表しています。

［訳例］私の手が汚れているのは、ずっと自転車を修理していたからだ。

I had been watching TV for over an hour when my mother came home.

> ▶ 母が帰宅したという過去の時点からさかのぼること1時間以上前の「大過去」から母が帰宅した「過去」の時点までテレビを視聴し、帰宅した時に見ていた最中だったというニュアンスを表します。これは for over an hour という期間を表す表現があることから「過去よりさらに前」が示され、過去完了進行形になります。for over an hour がない場合は、I was watching TV when my mother came home.（母が帰宅したときテレビを見ていた）と、単に過去の時点において行っていた最中の事柄を表すので、過去進行形になります。これらの文は実は表している事柄は同じですが、「過去よりさらに前」が明示されているかどうかで過去完了進行形なのか過去進行形なのかが変わります。このように英語の時制は他との関係で決まる相対的な側面が強いのだということを意識してください。

［訳例］母が帰宅したとき、私は1時間以上テレビを見ていた。

✦ 知識事項 +α　完了形と完了進行形

　ある事柄を現在完了でも現在完了進行形でも表すことができますが、ニュアンスが変わります。同じ事柄を現在完了で表した場合は「過去から現在にかけて行ってきたがそれが完了した」という"完了"のニュアンスが出るのに対し、現在完了進行形の場合は「過去から現在にかけて行ってきて、今もしている最中だ」という"継続"のニュアンスが出て、場合によっては"今後も続ける"という意味を含むことがあります。

Mr. Tanaka has taught English for forty years.
Mr. Tanaka has been teaching English for forty years.

> ▶ いずれも同じような内容ですが、後者のほうが「今も教えていて今後も教え続ける可能性がある」という意味を含意します。

［訳例］田中先生は40年間英語を教えてきた。

3 未来を表す表現

英語の時制は現在形と過去形のみであって、「未来形」という時制は存在しません。そこで、未来のことを表すために、いろいろな表現の仕方があります。それぞれに意味の違いがあるので、どの場合にどれを使うのかということを意識しましょう。

will ＋ V原形

未来を表す際に助動詞のwillを使うことがあります。この場合、以下の2通りの用法があります。

・**意志未来**：「（Sは）Vするつもりだ」

その場で思いついた主語の意志を表します。「（そうだ）〜しよう」という日本語に近い意味です。

> I <u>will answer</u> the phone.

▶ 今この場で電話が鳴って、その時の主語の思いつきで電話に出る意志表示をしています。

［訳例］私が電話に出ます。

・**単純未来**：「（条件が合えば必ず）Vするだろう」

例えば、I will be twenty this year.「私は今年で20歳になります」は、主語の意志に関係なく、今年の誕生日になるという条件が合えば必ずその年齢になる、ということを表します。

> It <u>will rain</u> tomorrow.

▶ 天気予報などで提示されている気象条件がそろえば必ず雨になる、ということを表します。

［訳例］明日は雨になるだろう。

✦ 知識事項 +α　時・条件を表す副詞節

「…するとき」や「…するならば」といった時・条件を表す副詞節の中では未来のことも現在時制で表し、単純未来のwill Vは用いない、という決まりがあります。これは単純未来のwillの中に「条件が合えば必ず」という意味が含意されているから、「わざわざ副詞節の中でwillを繰り返す必要がなく、現在時制で表す」と考えたらわかりやすいのではないでしょうか？

> We will stay at home tomorrow if it <u>rains</u> tomorrow.

▶ ifが「もし…ならば」という意味の副詞節で用いられているので、節の中の動詞は現在形で表します。

(欄外：第2部　全体像の要素を見分ける　2　動詞とその周辺)

［訳例］明日雨が降ったら家にいます。

ただし、このルールは単純未来のwillに限ります。意志未来のwillであれば、時・条件を表す副詞節の中でも現れます。

If you <u>will come</u> to the party, you need to call me in advance.

▶ ifは「もし…ならば」という意味の副詞節ですが、ここでのwillは「〜するつもりだ」という意志未来ですから、普通にif節の中でも用いられます。ちなみに、needが動詞、to call meが目的語になる不定詞名詞用法と分析してもかまいませんが、need to V 全体で「Vする必要がある」という動詞のカタマリと考えた方が楽だと思います。

［訳例］もしパーティーに来るつもりがあるなら、前もって私に電話をする必要があります。

また、よく誤解されがちですが、このルールが適用されるのは「副詞節」だけであって、名詞節や形容詞節では未来のことを表す際に単純未来のwillを用いることは問題ありません。

I don't know if he <u>will come</u> to the party or not.

▶ ifはここでは他動詞knowの目的語になる名詞節で、「…かどうか」という意味ですから、未来のことは普通にwillを使います。

［訳例］私は彼がパーティーに来るかどうか知りません。

We're looking forward to the day when we <u>will see</u> you again.

▶ We'reはWe areの短縮形です。look forward to 〜は「〜を楽しみにして待つ」という意味の熟語なので、全体で1つの動詞のカタマリと考えましょう。whenが関係副詞でthe dayを修飾する形容詞節（p. 29「形容詞節」）ですから、未来のことは普通にwillを用います。ただ形容詞節の場合も、内容が未来だということが文脈から明らかな場合は、現在形で書くこともあります。

［訳例］またお会いできる日を楽しみにしております。

現在形

現在形の基本の意味は"昔も今も、そして未来も変わらない"ということでした。そこから、昔も今も変わらない公共機関の予定であるとか、現時点で確定している予定などを表す場合に現在形を用います。

The train <u>arrives</u> at the station at 8:15.

▶ 列車の到着時刻は時刻表で定められた変わらない予定ですから、現在形で表します。

［訳例］列車は 8:15 に駅に到着します。

92

現在進行形

現在進行形の基本の意味は"今している最中"ですが、そこから準備や手配などが現在進行中で実現間近な個人の予定を表すことがあります。

I'm going to New York tomorrow.

▶ 明日ニューヨークに行くためには、飛行機のチケットの手配や荷造りなどが現在進行中のはずです。そういう実現間近な個人の予定を表しています。

[訳例] 明日ニューヨークに行きます。

is[am, are] going to V原形

もともとはgoという動詞の現在進行形ですから、前述の現在進行形の用法と同じく未来を表すというのは理解しやすいのではないでしょうか。ただし、単なる現在進行形と違って、実際に準備などをしているとは限りません。意味としては、以下の2つがあります。

・**予測**：すでにあることが起こりそうになっていて、そこから「〜しそうだ」という話者の予測を表す。

It's going to rain.

▶ 例えば空がどんよりと曇っていたり、雨になりそうな前兆を見たりした話者の予測を表しています。

[訳例] 雨が降りそうだ。

・**意志**：すでにあらかじめ決断をしていて、「〜するつもりだ」という意志を表す。

I'm going to major in physics at college.

▶ すでに大学での専門を決めており、そこに向かっている最中だという意味になります。

[訳例] 大学では物理学を専攻するつもりです。

📌 **知識事項** +α **意志未来**

「私は週末に京都に行くつもりです」という文を表す場合、

(a) I will visit Kyoto this weekend.

(b) I am going to visit Kyoto this weekend.

の2通りがありますが、もちろんこの2文の意味は異なります。(a) のwillはその場で思いついた主語の意志未来ですので、「そうだ京都に行こう」くらいのニュアンスです。それに対し(b) の場合は、すでに京都に行くという意志決定をしており、その予定に向かっている最中だ

という意味になります（ただし現在進行形でI'm visiting Kyoto this weekend. と述べた場合
と違って、必ずしも準備などをしているとは限りません）。

2-2-2 動詞の時制 演習　🔊 TR16

✏️ 問 題

1 以下の各文の（　）内に、〈　〉内に示されている動詞を正しい形にして入れ、和訳してください。（動詞の活用がわからない場合は辞書で確認するようにしましょう）

(1) I (　　) TV when my mother came home. <watch>

(2) John (　　) to a tennis club when he was a high school student. <belong>

(3) I realized I (　　) to bring my umbrella when I arrived at the office. <forget>

(4) I (　　) coffee black every morning. <drink>

(5) I will call you when I (　　) at the station. <arrive>

(6) My hands are dirty because I (　　) my bicycle for two hours. <repair>

(7) Mr. Smith (　　) chemistry for thirty years next month. <teach>

2 以下の日本語を英訳してください。

(1) ジェーンは母親にますます似てきている。

(2) ユタカは子供の頃野球をしていた。

💡 解答 & ワンポイント解説

1

(1) I **was watching** TV when my mother came home.

> ▶ 母親が帰ってきた（came）という過去の1回限りの時点で、テレビを見ていた最中だったので、過去の時点でしていた最中の事柄を表す過去進行形にします。

［訳例］母が帰宅したとき、私はテレビを見ていた。

(2) John **belonged** to a tennis club when he was a high school student.

> ▶ 彼が高校生だったという過去における比較的長い期間に、ずっとテニス部に所属していた、ということですから、昔ずっとしていた事柄を表す過去形にします。

［訳例］ジョンは高校生のときにテニス部に所属していた。

95

(3) I realized I **had forgotten** to bring my umbrella when I arrived at the office.

> ▶ 会社に到着したという過去の時点よりさらに前の時点で傘を持ってくるのを忘れた、ということですから、過去よりさらに前の事柄を表すために過去完了形にします。

[訳例] 私は会社に到着したときに、傘を持ってくるのを忘れたことに気づいた。

(4) I **drink** coffee black every morning.

> ▶ コーヒーを飲むというのが昨日も今日も変わらない毎朝の習慣ということですから現在形にします。

[訳例] 私は毎朝コーヒーをブラックで飲む。

(5) I will call you when I **arrive** at the station.

> ▶ when は接続詞で「…するときに」という副詞節を導きます。主節に will がありますが、時・条件を表す副詞節の中では未来のことも現在形で表します。

[訳例] 駅に到着したら電話します。

(6) My hands are dirty because I **have been repairing** / **have repaired** my bicycle for two hours.

> ▶ for two hours「2時間」という期間を表す表現があることから、過去から現在にかけて修理をしていたことがわかります。have repaired でも間違いではないのですが、My hands are dirty「手が汚い」(油まみれになっている)と今もその影響が色濃く残っていることを示すために have been repairing と現在完了進行形にした方がより適切な意味になります。

[訳例] 私の手が汚いのは、2時間自転車の修理をしていたからだ。

(7) Mr. Smith **will have been teaching** / **will have taught** chemistry for thirty years next month.

> ▶ 「来月で30年」ということは、今の時点で29年と11か月教えていて、来月で丸30年、と未来までのつながりを表すので、will have taught と未来完了形にします。「今後も教え続ける」というニュアンスを出したければ未来完了進行形にして will have been teaching としてもよいでしょう。

[訳例] スミス先生は、化学を教えて来月で30年になる。

2

(1) Jane is resembling her mother more and more. (p. 84)

(2) Yutaka played baseball when he was a child. (p. 85)

3 動詞の文型

🔊 TR17

「英文の全体像」を使いこなす上で「文型」を理解することは必須です。文型の詳細については次の「3. 補部―より正確な理解へ」で見ていきますが、この章の最後に、その導入をしていきたいと思います。

1 「基本5文型」という考え方について

基本5文型はいわゆる「学校文法」でこれまで教えられてきた考え方です。簡単にいうと、「英語の文は5パターンある」という考えで、すべての文を5つのパターンのどれかに当てはめようという試みです。もちろん、5つのパターンにすべての文を当てはめるというのは難しく、「実際には7文型を使うべきだ」とか「5文型なんて意味がないから使うべきではない」といった声もあるようです。ただ、当てはまらないから使うべきではない、というのは非常にもったいないと思います。私自身、英語学習に行き詰まっていたときに初めて基本5文型というものに触れた結果、英語に対する理解が一気に深まり、大きく飛躍できた経験があります。

各文型の、より正確な理解については次の章で扱いますが、ここではまず、やみくもに5文型を批判するのではなく、基本5文型を理解することの利点を説明したいと思います（そしてそれを理解していただいたほうが、この後の説明につながります）。

従来のいわゆる基本5文型は、「全体像」のうち以下の部分を組み合わせたものです。

ここから先は説明を簡略化するために、それぞれの要素について、頭文字をとってS, V, O, Cとしていきます。

文型ごとに、その文型に対応した意味があります。まずは大雑把にその意味をとらえることを意識して以下の解説を読んでください（細かい「例外」的なことを言い出すとキリがありません。細かい分類については次の「補部―より正確な理解へ―」で行いますので、ここでは"展望台から眺めた概要"というつもりで大まかに見ていきましょう）。

基本5文型の全体像は、以下の通りになります。

動詞の種類：自動詞 → 第1文型〈S + V〉／第2文型〈S + V + C〉
他動詞 → 第3文型〈S + V + O〉／第4文型〈S + V + O_1 + O_2〉
／第5文型〈S + V + O + C〉

2 「基本5文型」の概要

それでは文型ごとの違いを見ていきましょう。

第1文型：〈S + V〉「SはVする」

第1文型は〈S + V〉の組み合わせからなり、この文型をとる動詞は自動詞です。この文型は「SはVする」と見出しに示しましたが、ここで用いられるVは"存在する"（be, exist, stand, stay, sit, remainなど）という意味の動詞や、"往来する"（go, come）、"発着する"（start, arrive）、"出現する"（appear, emerge）、"消滅する"（disappear, die）という系統の意味の動詞が用いられることが多いです。

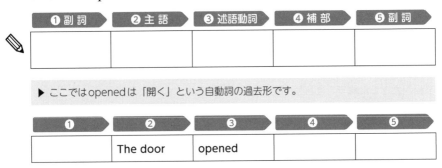

▶ ここではopenedは「開く」という自動詞の過去形です。

①	②	③	④	⑤
	The door	opened		

[訳例] ドアが開いた。

第2文型：〈S + V + C〉「SはCだ」

第2文型は〈S + V + C〉で、この文型をとる動詞も自動詞です。この文型は「SはCだ」という意味で原則としては"S = C"という関係があると考えると、判断しやすいと思います。この文型をとる動詞は、「SはCだ」という状態を表すbe動詞の他、「〜のようだ、〜のように思われる」といった状態の認識を表すseem, appear, look, feelや、「〜のままだ」といった状態の継続を表すremainやkeepなどがあります。

ただし気をつけていただきたい点があります。Cになれる品詞は名詞か形容詞と英文の全体像で示しましたが、だからといって「私は健康だ（私＝健康）」を*I am health（＝名詞）とすることはできません。Cに名詞がくる場合は、I am a student.「私は学生です」やMy name is Jane.「私の名前はジェーンです」のように、Cが主語の名前や肩書きなどを表し、厳密な意味でのイコール関係が成立する場合に限ります。イコールと言っても、主語の状態などを表す場合はCには形容詞を用います（前述の「私は健康だ」は形容詞のhealthyを用いて、I am healthy.とします）。

The man remained silent.

❶ 副詞	❷ 主語	❸ 述語動詞	❹ 補部	❺ 副詞

▶ 「男＝黙っている」という関係ができている第2文型です。remainは第1文型で用いると「残っている」という意味ですが、第2文型で用いると「SはCのままだ」という意味になります。同じ動詞でも文型によって意味が変わるので、特に最初のうちはきちんと文型を判断し、必要に応じて辞書で確認するようにしましょう。

❶	❷	❸	❹	❺
	The man	remained	silent C	

[訳例] その男は黙ったままだった。

★ 知識事項 +α　SVCと「イコール」関係について

　主語になれる品詞は名詞で、補語になれる品詞は名詞か形容詞ということはすでに確認しました。ここで、第2文型（SVC）の場合、S＝Cが基本であるという考えに沿うと、Cが名詞の場合はSとCを交換できそうです。これは本当に可能なのでしょうか？
　以下の2つの文の組み合わせについて考えてみましょう。

Tokyo is the capital of Japan.「東京は日本の首都です」
The capital of Japan is Tokyo.「日本の首都は東京です」

John is a diligent student.「ジョンは勤勉な学生です」
*A diligent student is John.「勤勉な学生はジョンです」

　SVC文型はS＝Cですが、上記の4つの文のうち、4つ目の文は意味が通りません。これはなぜでしょうか？　最初の2つの文については、「東京＝日本の首都」という一対一の関係が成立しているので、SとCを置き換えても問題はありません。
　その一方で、3つ目の文「ジョンは勤勉な学生です」は、「ジョンという人物は、世の中に何万人もいる勤勉な学生の一人です」というようにSのことを分類して説明しています。つまり、Sであるジョンは世の中に一人なのに対し、Cの勤勉な学生は何人もいるわけです。ということは、SとCを入れ替えると「世の中に何万もいる学生＝ジョン1人」となってしまい、イコール関係が成立しなくなります。このようにSVC文型でCが名詞であっても、CがSのことを分類して説明する場合は、SとCを置き換えることはできません。
　SVC文型を「イコール」と考えるのは最初のアプローチとしては非常に便利なやりかただと思いますが、このような違いがありますので、機械的に「イコール」と決めつけるのではなく、その都度、文脈を考えるようにしましょう。

第3文型：〈S + V + O〉「SはOをVする」

　第3文型は〈S + V + O〉で、他動詞がこの文型をとります。「SはOをVする」と見出しにしましたが、どういう目的語をとるのか、どのような付加部を伴うのかなどによって、ある程度この文型をとる動詞を分類することができます。それについては第3章で扱います。むしろここでは一見すると形の似ている第2文型との区別で、S≠Oであるということを意識しましょう。

The boy opened the door.

❶ 副 詞	❷ 主 語	❸ 述語動詞	❹ 補 部	❺ 副 詞

▶ 「少年≠ドア」ですから、第3文型です。openは自動詞で用いると「開く」という意味ですが、他動詞で用いると「～を開ける」という意味です。多くの動詞に自動詞・他動詞両方の用法があるので、これもその都度きちんと判断し、辞書などで使い方を確認することが重要になります。

①	②	③	④	⑤
	The boy	opened	the door. O	

[訳例] その少年はドアを開けた。

★ 知識事項 +α　V + oneself

　上記の説明で第2文型と第3文型の区別としてSとCがイコールになるかどうかという目安を示しましたが、厳密にはイコールかどうかというより、動詞の用法によって文型が決まるため、その都度、臨機応変に対応できるように本書でも説明をしていきたいと思います。ここでは、第3文型なのに、S ＝ Oとなることがある場合について説明したいと思います。

　第3文型では、SとOが同一の場合、Oには再帰代名詞のoneselfを用いるという決まりがあります（oneselfというのは辞書の見出しにあたる語で、厳密には人称に合わせてmyself, yourself, himself, herself, itself, ourselves, yourselves, themselvesとなります）。

He killed himself. / He killed him.

▶ いずれもkillは「～を殺す」という他動詞ですから第3文型です。ですが、前者は目的語がhimselfであることから、主語と目的語が同一、つまり「自殺した」という意味になるのに対し、後者は第3文型で目的語がhimであることから、主語とは別の男性を殺したという他殺を意味します。

We enjoyed ourselves at the party.

> ▶ 「私たちはパーティーを楽しんだ」という意味です。enjoyは「〜を楽しむ」という他動詞なので目的語が必要ですが、目的語がなくても前述のような意味を表すことができます。日本語と違って英語では他動詞は必ず目的語が必要です。このような場合に、再帰代名詞を使って目的語の位置を埋めるということをします。このoneselfはただ空いている目的語の位置を埋めているだけですので訳出はせず、enjoy oneself全体で「楽しむ」という自動詞のカタマリのように考えればよいと思います。他にも、show oneselfで「自分自身の姿を見せる」→「現れる」と、自動詞のappearに相当するような意味で用いるものもあります。

第4文型：〈S + V + O₁ + O₂〉「SはO₁にO₂をVする」

　第4文型は〈S + V + O₁ + O₂〉で、同じく他動詞がこの文型をとります。giveに代表されるように「O₁にO₂を与える」という意味の動詞がこの文型をとり、本来そういう意味がない動詞（例えばbuy「〜を買う」）でもこの文型をとると「買ってあげる［くれる］」のように"与える"という意味が加わることがその特徴です。厳密にはこの「〜に」にあたる部分は間接目的語（indirect object）と言って頭文字をとってIO、「〜を」にあたる部分は直接目的語（direct object）と言って同じくDOと表記することもありますが、本書では煩雑になることを避けて、前者をO₁後者をO₂と表記することにします（本書の目的は文法事項を細かく分類することではなく、究極的には全体像を簡単に理解することですので、ご理解ください）。後述する第5文型との区別のポイントとして、O1 ≠ O2という関係だということを意識しておきましょう。

My father found me a good dictionary.

❶ 副詞	❷ 主語	❸ 述語動詞	❹ 補部	❺ 副詞

> ▶ 「私≠辞書」ですから第4文型です。findO₁ O₂で「O₁にO₂を見つけてあげる［くれる］」という第4文型になります。

❶	❷	❸	❹	❺
	My father	found	me O₁	a good dictionary O₂

[訳例]　父は私にいい辞書を見つけてくれた。

第5文型：〈S ＋ V ＋ O ＋ C〉「SはOがCだとVする」

　第5文型は〈S ＋ V ＋ O ＋ C〉で、第3文型・第4文型同様に他動詞がこの文型をとります。この文型はいろいろなパターンがあり、詳しくは「3. 補部―より正確な理解へ」で見ていくことにしますが、とりあえず今の時点では「O ＝ C」という関係を意識してください。ここでは、「O ＝ Cという状態をVする」という意味になることを例文で確認していきましょう。

I found the book interesting.

❶ 副 詞	❷ 主 語	❸ 述語動詞	❹ 補 部	❺ 副 詞

▶ 「その本＝おもしろい」という関係ができている第5文型です。find O Cで「OがCだと思う」という第5文型になります。

❶	❷	❸	❹	❺
	I	found	the book O	interesting. C	

[訳例] 私はその本がおもしろいと思った。

　ところで、このC（補語）という要素は第2文型と第5文型に現れるわけなのですが、第2文型におけるCは厳密には主語の説明をする部分なので「主格補語」、第5文型におけるCは目的語の説明をするという意味で「目的格補語」と言います。本書ではどちらもC（補語）と表記することにします。

　このように各文型のパターンと対応する大まかな意味をとらえておくと、特に最初のうちは正確に英文を把握するのに役立つはずです。そして、いわゆる学習用英和辞典で動詞を調べると、文型ごとに意味が表記されています。makeという動詞を例に見てみましょう。

make SV：(make for 〜で)「〜へ進む」
　　SVC：「SはCになる」
　　SVO：「SはOを作る」
　　SVO_1O_2：「SはO_1にO_2を作ってあげる［くれる］」
　　SVOC：「SはOをCにする」

　多くの学習者は基本的な動詞が出てくると「そんなの知っている」と決めつけて意味

すら調べないという傾向がありますが、それは本当にもったいないです。知っていると思い込んでいる動詞であっても「辞書で対応する文型の訳語を見てみたら、まったく知らない意味だった」ということはよくある話です。難しい動詞だけでなく、どんなに簡単な動詞であっても、まずはその文の中での使い方、つまり文型を把握した上で、辞書で確認する、ということが必要なのです（これは初学者だろうが上級者だろうが関係なく、すべての人がするべきことだと思います）。

2-2-3 動詞の文型 演習　　　　　　　　　■(») TR18

✎ 問題

1 以下の各文について、主節の主語を○で囲み、述語動詞に＿＿を引き、補部があれば＿＿を引いてその役割（O, Cなど）を考えた上で、和訳をしてください。（必要に応じて節は［　］、句は（　）、修飾は〈　〉でくくりましょう）

(1) They close the library at five.

(2) My husband bought me some flowers on my birthday.

(3) We elected Jim president of the student council.

(4) If you push the button, the windows close automatically.

(5) Although we quarreled a lot, we stay the close friends.

2 以下の各文について、括弧内の語（句）を並べ替えて、正しい英文にしてください。

(1) The news of his success (all / family / happy / his / made / of).

(2) Mr. Johnson (advice / gave / good / the students).

3 以下の日本語を英訳してください。

(1) 父は私にいい辞書を見つけてくれた。

(2) 私はその本がおもしろいと思った。

💡 解答 & ワンポイント解説

1

(1) (They) <u>close</u> the library$_{(O)}$ \<at five\>.

> ▶ close Oで「Oを閉める」の意味で第3文型になります。ちなみにここでのtheyは漠然と図書館の関係者を指すだけですから、訳出をせずに「図書館が閉まる」と自動詞的に意訳してもよいでしょう。

［訳例］彼らは5時に図書館を閉めます／図書館は5時に閉まります。

(2) (My husband) <u>bought</u> me$_{(O1)}$ some flowers$_{(O2)}$ \<on my birthday\>.

> ▶ buy O_1 O_2で「O_1にO_2を買ってあげる［くれる］」という意味の第4文型になります。

［訳例］私の夫が誕生日に私に花を買ってくれた。

104

(3) [We] elected Jim(O) president(C) <of the student council>.

> ▶ elect ○ Cで「○をCに（投票で）選ぶ」という意味の第5文型になります。

[訳例] 私たちはジムを生徒会の会長に選出した。

(4) [If you push the button], [the windows] close <automatically>.

> ▶ ifは接続詞で「もし…ならば」という副詞節を導きます。(1) とは違い、ここでのclose は「閉まる」という意味の自動詞で、第1文型になります。

[訳例] このボタンを押せば、自動的に窓が閉まります。

(5) [Although we quarreled a lot], [we] stay the close friends(C).

> ▶ althoughは接続詞で「…だが」という意味の副詞節を導きます。stayは第1文型だと「滞在する」という意味ですが、ここではS stay Cで「SはCのままだ」という第2文型で用いられています。

[訳例] 私たちはたくさん口論をしたが、親友のままだ。

2

(1) The news of his success **made all of his family happy**.

> ▶ make ○ Cで「○をCにする」という第5文型です。意訳して「Sによって○はCになる」としてもよいです。

[訳例] 彼が成功したという知らせを聞いて、彼の家族はみんな喜んだ。

(2) Mr. Johnson **gave the students good advice**.

> ▶ give O₁ O₂で「O₁にO₂を与える」という第4文型です。ちなみにgoodは「良い、適切な」という意味の形容詞ですが、studentsを修飾するのであれば、the good studentsという語順になる (p. 38) のでここではadviceを修飾するのだと判断しましょう。

[訳例] ジョンソン先生は生徒たちに適切な助言をした。

3

(1) My father found me a good dictionary. (p. 101)

(2) I found the book interesting. (p. 102)

第2部　全体像の要素を見分ける

2　動詞とその周辺

105

3 補部—より正確な理解へ

〈全体像におけるこの項目の「位置」〉

❶〈副詞〉 導入 → **❷主語** Subject → **❸述語動詞** Verb → **❹補部** [1]目的語 Object [2]補語 Complement [3]付加部 Adjunct → **❺〈副詞〉** 補足説明

　p. 97「動詞の文型」でいわゆる「基本5文型」は役に立つ考え方だということを示しましたが、それでも5文型を批判する人たちはたくさんいます。そういう人たちの主張は、簡単にまとめると「英語の文型を5つに分類するのは無理である」ということになるわけです。そこでいろいろな学者が7文型や8文型、さらには25文型といった代替案を提唱してきたわけなのですが、私にはそれは大げさな言い方をすると「日本という国を47都道府県に分類するだけでは各市区町村の特徴はわからないから、もっと細かく分類して住所を暗記せよ」と言っているような印象を受けてしまいます。

　私たちは「英文法の展望台」にいるのです。例えば展望台という観点で日本地図を見たときに、いきなり「何丁目何番地」のような細部から見るのではなく、まずは大きなくくりの「地方」から入って、その後「都道府県」→「市区町村」という下位区分に進んでいくわけです。同じように、「英文法の展望台」ではまず展望台から眺めた大まかな景色からアプローチして、少しずつ細かい違いを押さえていく、ということをします。そうすると、頭の中で知識が整理しやすくなり、しかもみなさんが英語を読んだり書いたり話したり聴いたりするときに、生産的に知識を運用するのも楽になるのではないかと思うのです。

　そこで、先ほどは展望台から眺めた一番簡単な上位区分として「基本5文型」を提示しましたが、ここではさらに、それぞれの文型の下位区分を提示したいと思います。実は、動詞の後ろの「補部」にどういうものがくるのかは文型ごとに決まっており、それはさまざまな文法項目と結びついていると同時に、文の意味とも密接な関係があるのです。ですから、ここでまとめていることをしっかりと理解していただくと、英文法の知識事項をこれからインプットするのが楽になるだけではなく、内容理解も深まるはずです。ただ、究極的なことを言ってしまうと、私は文型の「数」はどうでもよいと思っています。できるだけ簡潔にまとめて、どの場合にどう使うのかということを理解することが重要なのです。

1 第1文型＋α　　　🔊 TR19

　ここでは第1文型と関わるさまざまなパターンを概観することで、知識を整理していきたいと思います。

106

1 第1文型のいろいろなパターン

まず、第1文型をとる代表的なものについて、例文を通して見ていきましょう。

The door opened without making any noise.

❶ 副詞	❷ 主語	❸ 述語動詞	❹ 補部	❺ 副詞

▶ openは「開く」(自動詞) と「〜を開ける」(他動詞) という自動詞と他動詞の用法があり、例えば、The girl(S) opened(V) the door(O).「その女の子はドアを開けた」とすると、似たような状況を表しているのに第3文型となります。他にもclose「閉じる；閉める」、break「壊れる；壊す」なども同じようなパターンをとります。

❶	❷	❸	❹	❺
	The door	opened		<without (making any noise)>

[訳例] ドアは音を立てずに開いた。

My father drives when we go shopping.

❶ 副詞	❷ 主語	❸ 述語動詞	❹ 補部	❺ 副詞

▶ driveは本来、「(車を) 運転する」という他動詞ですが、目的語であるa carが自明である場合、目的語が省略されて第1文型として働くことがあります。他にもread「読書する」(read a book) やeat「食事する」(eat food) などがあります。

❶	❷	❸	❹	❺
	My father	drives		[when we go shopping] 副詞節

[訳例] 私たちが買い物に行くときには、父が車を運転します。

2 S + V + A

上記のように、第1文型は〈S + V〉という組み合わせになるわけですが、例えば *I live「私は住んでいます」だけでは意味が通らないように、S + Vだけの組み合わせから成り立つ第1文型は皆無に等しいです。そこでここでは、現実的に第1文型がどうい

う形をとるのかということを整理していきたいと思います。

〈SVAの全体像〉

「Sは〈A（〜に、〜へ）〉Vする（存在・往来・発着・出現・消滅など）」

❶副詞	❷主語	❸述語動詞	❹補部	❺副詞
	名詞 S	動詞 V	〈付加部〉 A	

　第1文型は「存在する（be, exist, remain, stayなど）」や「往来（go, come, run, walkなど）・発着（arrive, startなど）・出現（appear, emergeなど）・消滅（disappear, dieなど）」といった動詞が多いことが特徴です。ですから、上記のように④の補部の位置に、付加部として「どこに」あるのか、「どこへ」行くのか、「どこから」来るのかといった場所を表す副詞や前置詞句などが現れることが多いです。ただ、副詞や前置詞句は⑤の「文末の副詞」の位置にも現れることがあります。区別のポイントは、「その表現がなくても文の意味が通じるかどうか」です。例えば、I went to the park yesterday.「私は昨日公園に行った」という文のうち、yesterdayをはずしてI went to the park.「昨日公園に行った」としても文の意味が通るので、yesterdayは⑤の文末の副詞だと判断できます。しかし、同じ文を*I went yesterday.「？昨日行った」とすると意味不明になるため、to the parkは付加部だったと判断することができます。形式上は同じ「第1文型」ですが、付加部の有無で文意が通るかどうかが異なるのです。ですから、ただ機械的に品詞を識別して文型を判断するのではなく、このように意味を考えながら文型を利用していくことを意識するといいと思います。

　論より証拠ということで、いくつか例文で確認していくことにしましょう。

My old friend came to our house last week.

▶ come は「やって来る」の意味の自動詞で第1文型をとります。… came to our house「我が家に来た」でも文意が通るのに対し … came last week（先週来た）だけでは文意が通らないのでto our houseが付加部、last weekが文末の副詞と判断します。ただし、例えばWhen your friend came to your house?「友人があなたの家に来たのはいつですか？」に対する回答であればHe came last week.「彼は先週来た」でも文意が通ります。それは、when以外の要素は2文目ではすでに与えられている（最初の疑

文に現れた）旧情報、つまり前提であるから書かなくても意味が通るのに対し、whenに対応するlast weekは、新情報として書かないと意味が通らないからです。基本的には文脈をしっかりと判断するようにしましょう。

❶	❷	❸	❹	❺
	My old friend S	came V	\<to our house\> A	\<last week\>

[訳例] 先週、昔の友人が我が家にやって来た。

I belonged to the basketball club when I was a high school student.

▶ belong to〜で「〜に所属している」の意味です。*I belonged.「私が所属していた」だけでは意味不明であり、どこに所属するのかというto〜の部分は付加部となります。

❶	❷	❸	❹	❺
	I S	belonged V	\<to the basketball club\> A	[when I was a high school student] 副詞節

[訳例] 私は高校生のときにバスケットボール部に所属していた。

ちなみに、文型というのは「絶対的」なものではありません。みなさんにとって読みやすいように解釈していただければと思います。例えば、上記の文はbelong to〜で「〜に所属している」という熟語のカタマリだと判断して、I(S) belonged to(V) the basketball club(O)と判断してもかまわないわけです。本書を読みながらみなさんにとって快適な判断基準を身につけていただければと思います。

Strictly speaking, whether he can win the scholarship or not depends on his test score.

▶ strictly speaking「厳密に言えば」は分詞構文の慣用表現で文頭の副詞です。whether

は接続詞で「…かどうか」という意味の名詞節と「…しようとしまいと」という意味の副詞節になりますが、ここではdependsという動詞の前にありますから主語になる名詞節です。depend on〜は人を主語にすると「〜に頼る、依存する」(Mary depends on her parents.「メアリーは両親に頼っている」)、人以外の無生物を主語にとると「〜によって決まる、〜次第だ」(Your success depends on your effort.「君の成功は努力によって決まる」)という意味になりますが、ここでは後者の意味です。on〜がないとここでは意味が通りませんから、この部分は付加部ということになります。

❶	❷	❸	❹	❺
(Strictly speaking),	[whether he can win the scholarship or not] S	depends V	\<on his test score\> A	

[訳例] 厳密に言うと、彼が奨学金をもらえるかどうかは、彼のテストの点数によって決まる。

Our house is three kilometers away from the station.

▶ 一見するとthree kilometersがbe動詞に対する補語であるように見えますが、「我が家＝3km」では意味不明です。実はこの文の骨格は、Our house is away from the station.「我が家は駅から離れている」で、このthree kilometersはaway from〜を修飾して「どのぐらい離れているのか」という距離の差を表します。このthree kilometersは副詞的目的格（厳密には「副詞的対格」）と言って、「目的格」という名前であることから品詞上は名詞なのですが、「副詞」として働きます。主に距離や時間、程度や方法を表す名詞が副詞のように働く（I met an old friend last Monday.「私は先週の月曜日、旧友に会った」であればlast Mondayが副詞的目的格）のですが、今回のように時間や場所を表す副詞や前置詞句の前に副詞的目的格がくると「差」を表します。例えば、He got up three hours before the class this morning.「彼は今朝授業の3時間前に起床した」ではbefore the class「授業前に」という前置詞句の前にあるthree hoursが副詞的目的格で、授業のどれぐらい前なのかという「差」を表しています。ちなみにthis morningも副詞的目的格です。これらは暗記するような事柄ではなく、英文に接するごとにこうやって分析しながら身につけるとよいでしょう。

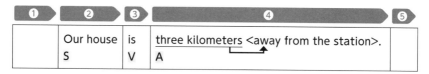

[訳例] 我が家は駅から3km離れたところにあります。

3 中間動詞

例えばsellという動詞は、本来「～を売る」という意味の他動詞ですが、この目的語の位置にあたる「～」が主語の位置に現れると「～が売れる」という自動詞になります。他にもcut「切る」「切れる」、read「読む」「読める」などが同じような形をとり、これらの動詞を中間動詞と呼びます。

〈中間動詞の全体像〉

これらの動詞については注意点があります。それは、このタイプの文は主語の特徴を表すために用いるため、具体的にその主語がどういう動作をしているのかということを説明するために、様態を表す副詞が付加部に必要だということです。

Among young people his latest novel sells well.

❶副詞	❷主語	❸述語動詞	❹補部	❺副詞

▶ sellが中間動詞でwellがついた結果「よく売れる」という意味になります。中間動詞は主語の特徴を表すので、この文は「彼の本は若者受けする性質がある」からよく売れているという主語の特徴を含意しています。この文に相当する内容を、単なる受動態 (p. 198) を用いて*His latest novel is sold well. と書くことは普通しません。それは、受動態は単なる事実を示すだけで、上記のような主語の特徴を表すわけではないからです。

❶	❷	❸	❹	❺
\<Among young people\>	his latest novel S	sells V	\<well\> A	

[訳例] 若者の間で彼の最新の小説はよく売れている。

The T-shirt the girl was wearing read as followed: "This paper reads easily."

▶ The T-shirtという名詞の後ろにthe girl(S) was wearing(V)という別の文が続き〈名詞＋SV〉となっていることから、関係詞の省略を疑ってください（p. 31「節」参照）。ここでは他動詞wearに対する目的語がないことから、The T-shirtを先行詞とする目的格の関係代名詞whichが省略されており、(which) ... wearingがThe T-shirtを修飾する形容詞節になっていると判断できます。ちなみにreadはread[ri:d]-read[red]-read[red]と、現在形・過去形・過去分詞の綴りが同じ（発音は異なる）動詞です。主語がThe T-shirtと三人称単数なのに-sがついていないのはreadが過去形だからです。付加部に用いられているas followedは「次のように」の意味です。read as followedで「次のように読める」という意味から「(印刷物が)次のように書いてある」と訳せばよいです。ちなみに、その後の：(コロン)は前後が言い換えであることを示す記号で、Tシャツに書いてあったメッセージが引用されています。先ほどのsellと同じく、このreadも中間動詞で、ここでは「簡単に読める」という主語の特徴を説明しています。

❶	❷	❸	❹	❺
	The T-shirt [(which) the girl was wearing] S　　　　　形容詞節	read V	\<as followed\>: A	"This paper reads easily."

[訳例] その女の子が着ていたＴシャツには次のように書いてあった。「この論文は読みやすい」

4 There構文
旧情報と新情報

　例えば、A book is on the table.「本は机の上にある」は文法的に正しいですが、不自然に感じられる文です。なぜなら英語では「S→V」という語順よりも「旧情報→新情報」という流れが優先されるからです。

　旧情報というのは発信する側（筆者や話し手）も、される側（読者や聞き手）も知っていると思われる情報で、文脈上すでに出てきたことや、常識で考えればわかるような内容がくることが多いです。それに対して新情報というのは文脈上初めての情報なので、読者や聞き手にとっては説明不足のことがあり、その場合はそこよりも後ろ（修飾語や次の文など）でさらに詳しい説明がくることが多いです。

理想的なことを言うと、全体像の①②の辺りに旧情報が現れて④⑤の辺りに新情報が現れるとつながりのよい文になるのでしょうが、「文型」という制約がある以上、どうしても①②の位置に新情報が現れたり、④⑤の位置に旧情報が現れたりすることがあります。そういう場合にどうするのかということはp. 214「倒置」でも詳しく説明したいと思いますが、ここではまず、第1文型で主語に新情報が現れる場合にどうするのかということについて解説します。

第1文型とthere構文

　まず前述のA book is on the table.という文ですが、主語のbookに不定冠詞のaがついているため、新情報の扱いになります。英語では新情報は動詞よりも後に置くことが望ましいとされており、まずは以下のような変形を行います。

（元の文）：<u>A book</u> <u>is</u> <on the table>.「本は机の上にある」
　　　　　　　S　　　V　　　　A

↓

???　　　：　　<u>is</u> <u>a book</u> <on the table>.
　　　　　　　　V　　S

　ところがこの変形した文は、Is a book on the table?「本は机の上にあるのですか？」という疑問文と同じ形になってしまいます（疑問文そのものについてはp. 188「文の種類」で扱います）。そこで、「主語を動詞の後ろに移動しましたよ」というサイン代わりに意味のない副詞のthereを元々の主語の位置に挿入します。これをthere構文と呼びます。

（there構文）：**There** <u>is</u> <u>a book</u> <on the table>.「机の上に本がある」
　　　　　　　　　　V　　S

　このthere構文を「～がある」と訳すのはbe動詞が第1文型で用いられているからです。英語ではこのように語順によって新情報・旧情報を表しますが、存在を表す文に関しては日本語では助詞でそれを表します。「本は…にある」と訳すと主語が旧情報であるのに対し、「本が…にある」と訳すと主語が新情報になるということをある程度の目安として押さえておくとよいでしょう。

　さて、このthere構文の全体像を示すと、以下のようになります。

113

〈There の全体像〉「S が〈場所に〉ある」

❶ 副詞	❷ 主語	❸ 述語動詞	❹ 補部	❺ 副詞
	There	動詞 V	名詞 S	〈場所〉 A

there構文の「主語」

　there構文では主語の「位置」に特に意味のないthereを置き、「意味」上の主語を補部の位置に置きます。もしかしたら違和感を覚える方もいらっしゃるかもしれませんが、変則的な文型として割り切って考えていただきたいと思います。

　There is an apple on the table.「テーブルの上にリンゴがある」やThere are three boys in the park.「公園に3人の男の子がいる」のように、動詞の数は原則としてこの④の補部の位置に現れる意味上の主語に合わせます。

　それに対して、副詞のthereが②の主語の位置に現れている、もっと言うならば実質的に主語扱いされているのは、例えば疑問文にするとIs there a book on the table?となり、付加疑問文でもThere is a book on the table, isn't there?となるように、普通の文の主語と同じ位置にthereが現れているからです。また例えば、want O to V「OにVしてほしい」という表現ですと、I want you to study harder.「君にもっと一生懸命勉強してほしい」という意味になるように、O to Vの間に"you study harder"という主語・述語の関係が含まれています。これをthere構文に当てはめると、I want there to be more books in the library.「図書館にもっと多くの本があってほしい」（←there are more books in the library.）のように、品詞上は副詞のthereがwantの目的語の位置に現れています。これはこのthereがto beに対する意味上の「主語」の位置にあるからです。there構文の動詞や主語に関しては覚えておくべきことがあるので、以下に整理しておきます。

> **there構文で使われる動詞**：be動詞の他、exist, come, remain, arise など第1文型で用いられる動詞
>
> **there構文で使われる主語**：新情報　※ 旧情報にあたる人称代名詞やthe[one's]＋名詞、特定のものを表す固有名詞などは原則としてthere構文の主語に現れない（p. 116「知識事項＋α（there is the 名詞）」参照）

　それではここで、there構文に関する例文を読みながら、細かいルールを補足していきたいと思います。

There was a beautiful church there when I was a child.

❶ 副詞	❷ 主語	❸ 述語動詞	❹ 補部	❺ 副詞

▶ there構文の②の位置に現れるthereは意味のない副詞（厳密には虚辞のthereと言います）なので、「そこに」という場所を表す副詞のthereと一緒に用いることができます。細かいことですが②のthereは意味がないので発音は弱く[ðər]ですが、④の位置に現れるthereは「そこに」という意味を持つので発音は強くなり[ðɛ́ər]となります。

❶	❷	❸	❹		❺
	<There>	was	a beautiful church	<there>	[when I was a child]
		V	S	A	副詞節

[訳例] 私が子供の頃、そこには美しい教会があった。

There is an apple, a banana, and peaches on the table as subjects for painting.

❶ 副詞	❷ 主語	❸ 述語動詞	❹ 補部	❺ 副詞

▶ 文法的には主語が<A and B>である場合、原則として動詞は複数扱いとなります。ただしthere構文の主語が<A and B>のAが"a[an] + 名詞"の場合、特に口語ではこれにつられてThere is a[an] ...とすることがあります（英語は基本的に前から順に物事を述べていくために、There are a ...とするとたとえ文法的に正しくても音声的に違和感があるからだと思われます）。もし上記の文をpeachesから始めてしまうと必ずThere are peaches ...となるので注意してください。

❶	❷	❸	❹		❺
	<There>	is	an apple, a banana, and peaches	<on the table>	<as subjects> <for painting>
		V	S	A	

[訳例] 机の上に、絵を描くための題材として、リンゴ1つとバナナ1つといくつか桃がある。

✦ 知識事項 +α There is "the ＋名詞"

　there構文の主語は新情報であるということはすでに説明しました。ですから一般的にthere構文の主語に"the ＋名詞"のように限定された名詞は用いないのですが、注意していただきたいのは「the ＋名詞＝旧情報」とは限らない、ということです。theはあくまでその名詞が「文脈上特定」であることを示すサインにすぎません。ですから新情報であってもtheがつくことがあり、"the ＋名詞"がthere構文に現れることがあります。そこで、以下にそれを示したいと思います。

・リストを提示する場合

A: What equipment is available in the new office?

B: There is the desk, two bookshelves, and the television in your new office.

> ▶ 新しい事務所の設備を説明する際に、そのリストを列挙するときに文脈上特定（唯一）の名詞の場合はtheがつきます。

[訳例]　A：新しい事務所ではどんな設備が利用できますか？

　　　　B：あなたの新しい事務所には机と本棚とテレビがありますよ。

・名詞の後ろに修飾語がついた結果1つに特定される場合

There is the house which that famous writer was born.

> ▶ 名詞に後ろから修飾語がついた結果、その名詞が文脈上1つに特定される場合、theがつきます（厳密にはこれを「後方照応のthe」と言います）。theは必ずしも旧情報というわけではなく、あくまで「特定」の名詞であるサインですから、このように新情報であってもつくことがあります。

[訳例]　あの有名な作家が生まれた家があります。

・話し手にとっては旧情報であっても聞き手にとっては新情報の場合

A: Can I go to your house by car?

B: Yes. There is the parking lot near my house.

> ▶ Bにとっては自宅の近くに駐車場があることはすでにわかりきっている旧情報ですが、その駐車場の有無はAにとっては新情報なのでthere構文で用いられています。

[訳例]　A：お宅まで車で行ってもいいですか？

　　　　B：ええ。うちの近くには駐車場があります。

📌 知識事項 （+α） There is S ＋ Ving/Vp.p. など

there 構文の役割は、本来であれば②の位置にある主語を④の位置に移すことでその主語が「新情報」であることを示すための表現でした。これは存在を表す文だけではなく、以下のような進行形や受動態などでも応用されます。

・進行形

Someone was knocking at the door.

［訳例］誰かはドアをノックしていた。

　　→ There was someone knocking at the door.
　　　　　　　　　　　　　　S'　　　　V'

［訳例］誰かがドアをノックしていた。

> ▶ 構文的には knocking が someone を修飾する形容詞句ということにでもなるのでしょうが、knocking の意味上の主語は someone です。There was 自体は意味がなく someone が新情報の主語だということを示すだけのサインです。そのため、There was 自体は訳出せず、「誰かが〜していた」と訳すと、1 文目の語順との違いが出せると思います（上記の訳例を比べてみてください。結局、日本語でも前者だと違和感があると思いますが、だからこそ後者の言い方が必要になってくるのです）。

・受動態

Someone was left in the office.

［訳例］誰かは会社に残っていた。

　　→ There was someone left in the office.
　　　　　　　　　　　　　S'　　　V'

［訳例］誰かが会社に残っていた。

> ▶ こちらも同様に過去分詞の left が someone を修飾する形容詞句をまとめているということになるのでしょうが、進行形の場合と同様に、この There was は someone が新情報の主語だということのサインなので、There was 自体は訳出せず「誰かが〜された」と訳出するとよいでしょう（「残された」をさらに意訳して「残っていた」としています）。

・there 構文＋関係代名詞節

There are a lot of people (who) want to do without their smartphones after work.

［訳例］多くの人々が、就労後はスマートフォンなしに済ましたいと思っている。

> ▶ 通例主格の関係代名詞は省略することができませんが、「there 構文の後に主格の関係

代名詞がある場合は主格の関係代名詞が省略できる」という例外的なルールがあります。ですが、これは例外なのではなく、以下のように考えたらどうでしょうか？

A lot of people want to do without their smartphones after work.

　上記の文のa lot of peopleが新情報であることを示すためにthere areを補い、there areのareという動詞とwant to doという動詞をつなぐための「理屈上」の接続詞としてwhoを置きます。ですが、単にA lot of peopleが新情報であることを示すためにthere areを補っただけなので、そもそもwhoはないほうが自然なのです。ですから、上記の文は〔訳例〕のように訳せば十分だと思います。

　このパターンは英語としてはかなり珍しい部類の文法事項にあたると思います。私がここでこれを紹介した理由は、「誰も知らないようなマニアックな文法事項を紹介したい」ということではなく、「英文法の展望台」という枠組みの中でthere構文の本質をとらえておけば、こういう一見すると例外的に見えるような知識事項も、実は本質とのつながりがあるのだ、ということを言いたいからなのです。例外的な事柄をマニアックな知識のように扱うと、いくら覚えてもキリがないという泥沼状態になってしまうと思います。もちろん例外を探し出したらキリはありませんが、このように「展望台」と絡めて理解していけば、理解が楽になるはずですし、何よりも英文法の学習が楽しくなるのではないでしょうか。

★ 知識事項 (+α) 相手の注意を喚起するための構文

　「ここに」という意味のhereや「そこに」という意味のthereは、普通は文末に置きますが、相手の注意を喚起するため文頭に置くこともあります。これらは相手の注意を引くための目印の働きをするので、あえて日本語に訳すと「ほら」とか「さあ」ぐらいの意味になります。この場合、主語が人称代名詞なら旧情報の扱いになるのでHere[There] S V.という語順になりますが、それ以外の名詞ならHere[There] VS.という語順になります。特にthereを使ったものはthere構文と見た目は似ていますが、there構文とは異なるわけです。基本的にこのパターンは下記の例文に見られるような典型的な文で用いられますので、こういった用例を暗唱しておくとよいでしょう。

Here comes the bus.「ほら、バスが来た」
Here we are.「さあ着いたぞ」
There goes the train.「ほら、列車が行ってしまう」
There they are.「ほら、彼らが来た」

2-3-1 第1文型＋α 演習 TR20

✏ 問 題

1 以下の各文について、主節の主語を○で囲み、述語動詞に＿＿を引き、付加部があれば＿＿を引いてその役割（A, O, Cなど）を考えた上で、和訳をしてください。（必要に応じて節は［ ］、句は（ ）、修飾は〈 〉でくくりましょう）

(1) The watch my father gave me as a birthday present broke yesterday.

(2) Tom often reads when he has free time.

(3) Laura walks three miles to school every day.

(4) There are some international students in our class.

2 以下の各文について、括弧内の語（句）を並べ替えて、正しい英文にしてください。

(1) This knife (cuts / of / very / well / yours).

(2) When I arrived at the station, (already / had / left / the / train).

(3) It was so late at night that (front / in / no / of / station / taxi / the / there / was).

3 以下の日本語を英訳してください。

(1) 若者の間で彼の最新の小説はよく売れている。

(2) 私が子供の頃に、そこには美しい教会があった。

💡 解 答 ＆ ワンポイント 解 説

1

(1) ⌈The watch⌉ [my father gave me as a birthday present] <u>broke</u> <yesterday>.

> ▶ The watchの後ろにgaveのO₂にあたる目的格の関係代名詞whichが省略されており、The watchを修飾する形容詞節を導いています。ここでのbreakは「壊れる」という自動詞で第1文型です。

［訳例］ 父が誕生日プレゼントに私にくれた腕時計が昨日壊れた。

(2) ⌈Tom⌉ often <u>reads</u> [when he has free time].

> ▶ readはここではreed booksのbooksが落ちた形です。「読書する」という自動詞で、第1文型で用いられています。whenは接続詞で「…するときに」という意味の副詞節を導きます。

119

［訳例］トムは、暇なときは、よく読書をする。

(3) ［Laura］ walks <three miles> <to school>(A) <every day>.

▶ walkは「歩く」という意味の自動詞ですが、「どこまで歩くのか」という付加部が必要になります。three miles が距離を表す副詞的目的格、to schoolが前置詞句で、これらが付加部だと考えるとよいでしょう。

［訳例］ローラは毎日学校まで3マイル歩く。

(4) There are ［some international students］ in our class(A).

▶ there構文では、主語の位置にあるのは意味のない副詞のthereですが実質上の主語はbe動詞の後ろの名詞です。「留学生がいる」だけでは意味を成さないので、in our classは付加部と考えましょう。

［訳例］私たちのクラスには何人かの留学生がいます。

2

(1) This knife **of yours cuts very well**.

▶ 主語の部分ですが、限定詞を重ねることはできませんから、This knife of yoursとします (p. 38)。cutは中間動詞で「(刃物などが) 切れる」という意味の自動詞です。

［訳例］このあなたのナイフは切れ味がとてもよい。

(2) When I arrived at the station, **the train had already left**.

▶ leaveはここでは自動詞の用法で「出発する」の意味です。前半のarrivedよりさらに前に起こった出来事なのでhad leftと過去完了にし、already「すでに」という副詞はhadと left の間に置きます。

［訳例］私が駅に到着したとき、電車はすでに出てしまっていた。

(3) It was so late at night that **there was no taxi in front of the station**.

▶ no +名詞で「名詞が1つもない」という否定語を作ります。これをthere構文の主語に置くと、there is no S で「Sがない」という意味になります。in front of〜は「〜の前に」という意味の前置詞句です。

［訳例］夜遅い時間だったので、駅前にはタクシーがなかった。

3

(1) Among young people his latest novel sells well. (p. 111)

(2) There was a beautiful church there when I was a child. (p. 115)

120

2 第2文型＋α

第2文型（SVC）の概要についてはp. 97「動詞の文型」で説明した通りですが、ここではその発展的なパターンについて知識を整理していきたいと思います。

1 擬似補語［準補語］

例えばmarry「結婚する」は自動詞も他動詞も用法がある動詞ですが、辞書の表記上はSVC文型にはなりません。ところが、She married young.「彼女は若くして結婚した」というような文で用いられることがあります。このyoungを擬似補語ないしは準補語と呼びます（本書ではこれ以降、疑似補語とします）。擬似補語として使えるかどうかは、以下のような文に言い換えることができるかどうかを確認してみるとよいでしょう。

S Ⓥ C ⇄ S \<be\> C when S Ⓥ
擬似補語

例えば上記の文は、She married young. ⇄ She was young when she married.「彼女は結婚したとき若かった」と言うことができます。それに対して、普通のSVC文型のShe was young.をこのパターンに当てはめてみると、*She was young when she was.というおかしな文になってしまいます。つまり、この文のyoungは疑似補語ではないと判定できます。読むときはそれほど苦労しないと思いますが、作文などをする際に擬似補語にしてよいかどうか悩んだら、上記のパターンに当てはめてみるとよいでしょう。

Unfortunately, the woman died young.

▶ dieは「死ぬ」という意味の自動詞ですが、The woman was young when she died. と言えるので、youngが擬似補語として働いていると判断できます。

❶	❷	❸	❹	❺
\<Unfortunately\>,	the woman S	died V	young C(擬似補語)	

［訳例］ 残念ながらその女性は若くして亡くなった。

According to the legend, the man was born a billionaire.

> 厳密に言えばbe born「生まれる」はbearという動詞の受動態ですし、be(V) born(C)と分析してもよいと思います。ところが、上記の文は、The man was a billionaire when he was born.と言えるので、was born全体が1つの動詞のカタマリと考えて、a billionaireを擬似補語ととらえることができます。

①	②	③	④	⑤
\<According to the legend\>,	the man S	was born V	a billionaire C(擬似補語)	

[訳例] 言い伝えによると、その男は生まれながらにして億万長者だった。

2 SVCA

例えば、*I am sure.「私は確信している」はSVC文型ですが、これだけではよほど文脈から明らかでない限り、何を確信しているのかがわからず、文として意味を成しません。そこで、具体的に何を確信するのかということを付加部で示します。この付加部には前置詞句の他、that節やwh-節（疑問詞が導く名詞節）が続きます。まず理屈について説明してから、例文を見ていきたいと思います。

A ＝前置詞句

最初に、付加部（A）に前置詞句がくる場合について見てみましょう。

I am sure of his innocence.

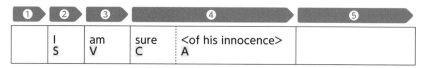

①	②	③	④	⑤
I S	am V	sure C	\<of his innocence\> A	

[訳例] 私は彼の無実を確信している。

何を確信しているのかという思考や認識の対象を示すために、ofが導く前置詞句が用いられます。このような思考や認識を表す形容詞とともに付加部にof 〜が用いられることが多いですが、他の前置詞が用いられる場合もありますので、その都度、辞書などで確認するようにしましょう。

A ＝ that 節

次に that 節を伴う場合について見てみましょう。

I am sure that he is innocent.

❶	❷	❸	❹	❺
	I S	am V	sure C	[that he is innocent] A

[訳例] 私は彼が無実だと確信している。

　さて、この that 節は何節でしょうか？ 「SVC の後で文末の副詞の位置だから副詞節ではないか？」と思われた方もいらっしゃるかもしれませんが、この that 節を書かないと何を確信しているのかわからない文になるので、付加部にあたります。この that 節は、前置詞 of の目的語にあたる名詞節の that 節で、前置詞 of が省略された形だと考えることもできます（そもそも that 節は前置詞の目的語になることができないので、この形では必ず of は省略します）が、以下のように考えてみてはいかがでしょうか。

❶	❷	❸	❹	❺
	I S	am V	sure C	[that he is innocent] A
	I S	know ‖ am sure V（全体で他動詞のカタマリ）	[that he is innocent] O	

　that 節が名詞節になる場合、「…ということ」という意味で考えや事実の内容を表すので、think「考える」や know「知っている」といった思考や認識を表す他動詞の目的語になりやすいのです。be ＋思考や認識を表す形容詞（sure, certain, convinced「確信している」, conscious「気づいている」, proud「誇りに思っている」, anxious, worried「心配している」など）の場合、全体で 1 つの「思考や認識を表す他動詞のカタマリ」という意識が働き、まるで目的語のように that 節が続くのだ、と解釈すると楽ではないでしょうか？　しつこいようですが、私たちの目的は細かく品詞分解をすることではなく、英語の全体像をつかみ、英語を使いこなすことなのですから。

A ＝ wh-節

　最後に、wh-節を伴う場合について見てみましょう。wh-は疑問詞（who, which, what, when, where, why, how）の他、whether「…かどうか」があります。

I am not sure whether he is innocent or not.

	❶	❷	❸	❹	❺
	I S	am not V	sure C	[whether he is innocent or not] A	

[訳例] 私は彼が無実かどうかわからない。

これも上記同様、以下のように考えるとよいと思います。

	❶	❷	❸	❹	❺
	I S	am not V	sure C	[whether he is innocent or not]. A	
	I S	don't know .ǁ. am not sure V(全体で他動詞のカタマリ)		[whether he is innocent or not] O	

wh- は疑問詞や「…かどうか」という意味のwhetherで、「わからない」という意味の動詞や形容詞と相性がよいので、上記のwh-節を否定文で用いた場合などに用いられやすいです。またwh-節は前置詞ofの目的語になりますから、上記の文はI am not sure of whether he is innocent or not. としてもかまわないのですが、このofは省略されることが多いです。それは上記同様、am not sureが全体でdon't knowという他動詞のように感じられるからでしょう。

ここからいくつか例文の確認をしていきたいと思います。構造の分析は、ご自身にとってやりやすいように上記のいずれのパターンで解釈してもかまいません。

When I heard the news, I was convinced of her success.

❶ 副 詞	❷ 主 語	❸ 述語動詞	❹ 補 部	❺ 副 詞

▶ whenは「…するときに」という意味を導きます。be convincedは「確信している」という意味の表現で、of 〜がその確信の内容を表す付加部です。

124

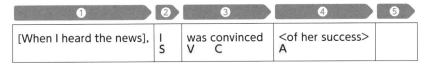

| [When I heard the news], | I
S | was convinced
V　C | <of her success>
A | |

[訳例] 私がその知らせを聞いたとき、私は彼女の成功を確信した。

She was conscious that the man was looking at her secretly.

▶ be consciousで「気づいている」という意味ですが、何に気づいているのか、その認識の対象を付加部のthat節が表しています。be consciousはSVCと解釈してもよいですし、全体でrealize「…に気づく」に近い他動詞のカタマリだと考えてもよいでしょう。

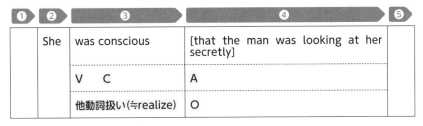

	She	was conscious	[that the man was looking at her secretly]	
		V　　C	A	
		他動詞扱い(≒realize)	O	

[訳例] 彼女は、その男がこっそりと彼女のことを見ていることに気づいていた。

Bill was anxious that Susie might get lost, because she had a poor sense of direction.

▶ be anxiousはさまざまな意味があります（次ページ参照）が、be anxious that ... で「…だと心配している、不安に思う」という意味です。be anxious全体でfearという他動詞に近いカタマリだと考えるとよいでしょう。

❶	❷	❸	❹	❺
	Bill	was anxious	[that Susie might get lost],	[because she had a poor sense of direction]
		V C	A	
		他動詞扱い(≒fear)	O	

[訳例] スージーは方向音痴なので、ビルは彼女が道に迷うのではないかと心配した。

Although there are many good players in the tournament, I am not certain who will win.

❶副詞	❷主語	❸述語動詞	❹補部	❺副詞

▶ althoughは「…だが」という意味の副詞節を導く接続詞です。be certainは「確信している」という意味でその確信の対象にthat節を伴うことがありますが、否定してbe not certainとすると「わからない、定かではない」と、don't knowに近い意味になるので、付加部にwh-節を伴います。ここでは疑問代名詞のwho「誰が…するか」が導く名詞節が付加部にきています。

❶	❷	❸	❹	❺
[Although there are many good players in the tournament],	I	am not certain	[who will win]	
		V C	A	
		他動詞扱い(≒don't know)	O	

[訳例] そのトーナメントには多くの優秀な選手が出場しているが、誰が勝つのか私にはわからない。

📌知識事項 (+α) anxious は「心配して」?

anxious =「心配して」と覚えていらっしゃる方も多いかと思いますが、anxious自体は人の微妙な心理状態を表す形容詞で、具体的にどういう心理状態を表すのかによって後ろに伴う付加部が変わります。

・**be anxious about ～**「～について心配している」(≒ be worried [concerned] about ～)

▶ aboutは元々が「～の周りに」という意味の前置詞です。心配事の周りを気持ちがぐ

るぐる回っているイメージを思い浮かべてみてください。

・**be anxious for ～**「～を切望している、～を欲しいと思っている」
（≒ be eager[dying] for～）

▶ forは「～を求めて」という意味です。気持ちが何かを求めているイメージです。

・**be anxious to V**「Vしたいと思っている」(≒ be eager[dying] to V)

▶ 不定詞のtoは方向を表す矢印「→」のイメージです。気持ちがVする方向に向かっているということからこのような意味になります。

「1つの単語＝1つの意味」という覚え方をしてしまうと、こういったことに気づかないままになってしまいます。むしろ同じ単語であっても、後ろに続く形が変わると意味が変わる、そしてそれぞれ右側に類義表現を記しましたが、逆に同じ形が続くと近い意味になる傾向があるということを意識すると、覚える負担がかなり減るのではないでしょうか。

✦知識事項 +α　be ＋感情を表す形容詞＋前置詞句 / to V / that ...

be ＋感情を表す形容詞（surprised「驚いて」、happy「うれしい」、satisfied「満足して」、disappointed「がっかりして」など）の後に、前置詞句やto Vやthat節がくることがあります。特にthat節が続く場合、見た目は上記のパターンと似ていますが、これらの前置詞句やto Vや that ...はどうしてその感情を抱いたのかという「感情の原因」を表します。これらを付加部と考えてもよいとは思うのですが、思考や認識を表す形容詞の場合と違って、例えばI am happy.「私はうれしいです」だけでも文意が通るので、この感情の原因は文末の副詞と考えたほうがよいでしょう。that節は副詞節でこのように感情を表す形容詞と一緒に用いると感情の原因を表します。

To be honest, I am surprised <u>at the news</u>.

▶ to be honestは「正直に言って」という意味の副詞句で、at the newsがbe surprised「驚いた」という感情の原因となっています。

［訳例］正直に言って、私はその知らせを聞いて驚いた。

John was disappointed <u>to hear what happened to his wife</u>.

▶ to hear ...がbe disappointed「がっかりした」という感情の原因となっています。whatは先行詞を含む関係代名詞と言ってthe thing whichに相当し、「…したこと・もの」という意味の名詞節を導きます。ここではhearという不定詞の意味上の目的語になっています。

［訳例］ジョンは、妻に起こったことを聞いてがっかりした。

Mary was satisfied that her son passed the entrance exam.

▶ that節はbe satisfied「満足した」という感情の原因を表しています。

[訳例] メアリーは、息子が入試に合格して、満足した。

3 It is C + that .../wh- ...

このSVC文型で、p. 63で扱った仮主語（形式主語）itの真主語としてthat節やwh-節が用いられる場合、Cで用いられる表現はある程度固定されます。というのも、p. 122のSVCAのところでも扱いましたが、that節は「…ということ」という確定した考えや事実の内容を表し、wh-節は疑問詞やwhether「…かどうか」という不確定な疑念を表すので、そういったものと相性の良い表現に限られるのです。

- It is 明白・可能性 that ... 「…ということは 明らかだ・可能性がある 」
  明白：clear, evident, obviousなど／可能性：possible, probably, likelyなど
- It is 疑念・不確定・非重要 wh- ... 「…ということは 疑わしい・わからない・重要ではない 」
  疑念：doubtful, questionableなど／不確定：unknown, unclearなど／
  非重要：not important

ではいくつか例文を使って確認していきましょう。

It is obvious to everyone that Mark is lying.

❶副詞	❷主語	❸述語動詞	❹補部	❺副詞

▶ obviousは「明らかだ」という意味の形容詞です。Itが仮主語で、that以下が真主語です。to everyoneは「すべての人にとって、誰の目にも」という意味の前置詞句でobviousを修飾しています。

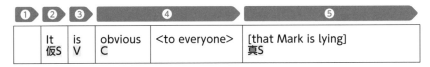

❶	❷	❸	❹	❺
It 仮S	is V	obvious C	\<to everyone\>	[that Mark is lying] 真S

[訳例] マークが嘘をついているということは誰の目にも明らかだ。

It is quite probable that his new novel will be sold out soon.

▶ probableは「起こりそうな、ありそうな」という可能性を表す形容詞です。仮主語Itを受ける真主語として文末にthat節があります。

①②③	④	⑤
It is 仮S V	\<quite\> probable C	[that his new novel will be sold out soon] 真S

[訳例] 彼の新しい小説がまもなく売り切れになる可能性はかなりある。

　ちなみに可能性を表す形容詞はいくつかあります。可能性の高さはprobable ＞ likely ＞ possibleの順で微妙にニュアンスが異なるのですが、どういう構文をとるのかが微妙に違うので、以下に整理しておきます。必要に応じて辞書で例文などを確認してみましょう。

	It is 形 that SV	It is 形 (for A) to V	A is 形 to V
probable	○	×	×
likely	○	×	○
possible	○	○	×

As they run short of spare parts, it is unclear when the repairs will be completed.

▶ asはここでは「…なので」という理由を表す副詞節になります。run short of 〜は「〜が不足する」の意味の熟語です。itが仮主語で、whenがここでは「いつ…するか」という疑問副詞の用法で、真主語になる名詞節を導いています。

❶	❷	❸	❹	❺
[As they run short of spare parts],	it 仮S	is V	unclear C	[when the repairs will be completed] 真S

[訳例] スペアの部品が不足しているので、その修理がいつ終わるのか明らかではない。

It doesn't matter to me how you finish the project.

❶ 副詞	❷ 主語	❸ 述語動詞	❹ 補部	❺ 副詞

▶ matter は「重要だ」という意味の自動詞で実質 be important の同意表現です。doesn't matter や make no sense はいずれも SVC ではありませんが「重要ではない」という意味で is not important に相当するので、同じ構文をとることができます。ここでは It が仮主語で、how が「どのように…するか」という意味の疑問副詞で、真主語になる名詞節を導いています。

❶	❷	❸	❹	❺
It 仮S		doesn't matter V		<to me>	[how you finish the project] 真S

[訳例] 君がプロジェクトをどのように終えるのかということは、私には重要ではない。

★知識事項 +α It is C that S (should) V 原形

　上記の構文と表面上似ていますが、It is C that ... の構文の C の位置に、必要（necessary, essential など）、重要（important, vital など）を表す形容詞が用いられた場合、that 節の中の動詞が「(should +) V 原形」となります。

　この動詞の原形のことを文法用語で仮定法現在と呼びますが、一般的な仮定法現在とは異なります。どうやら「もともと should があったのだが省略されて V 原形が残った」と説明されることが多いようですが、実は逆で、もともと動詞の原形だったのです。今の英語で動詞の原形はどこで用いますか？　そう、Be quiet.「静かにしなさい」や Study hard.「一生懸命勉強しなさい」という命令文で用いられますね。that 節の中に、命令的な内容が用いられているから動詞は原形なのですが、should を補うことがあるだけで、今でも原形のほうがよく用いられます。以下に例文だけ紹介しますが、上記の必要・重要を表す形容詞が命令的な内容と相性がよいのです。p. 143 でも扱いますが、命令的な内容と相性がよい動詞の後でも、この仮定法現在が用いられることがあります。

130

It is necessary that the classrooms (should) be clean.

▶ 「教室を清潔にしなさい」という命令文がthat節の中に挿入されていると考えると、necessary「必要だ」という形容詞と相性がよいことが理解できるでしょう。

[訳例] 教室を清潔にしておくことが必要だ。

4 tough構文

まず、以下の英文を見てみましょう。

It is difficult to answer this question.

▶ Itは仮主語（形式主語）で文末のto answer〜が真主語となっている仮主語構文です。真主語を仮主語の位置に代入して訳出すればよいですね。

❶	❷	❸	❹	❺
It 仮S	is V	difficult C	(to answer this question). 真S	

[訳例] この質問に答えることは難しい。

SVC文型で仮主語構文をとる形容詞のうち、このdifficultなどのように主に「難易」を表す形容詞は、以下のような形をとることができます。

(a) It is difficult to answer ｜this question｜.

(b) ｜This question｜ is difficult to answer.

不定詞の意味上の目的語の位置にあるthis questionを文全体の主語の位置に移動しています。しかし、この(a)と(b)の2つの文は同じ意味にはなりません。(b)の文を全体像に当てはめて、訳例を考えてみてください。

This question is difficult to answer.

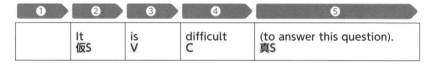

▶ 不定詞to answer(V')は「〜に答える」という意味の他動詞ですが、その意味上の目的語(O')が欠けている(本来意味上の目的語がある位置を■としています)のは、本来の意味上の目的語にあたるThis questionが文全体の主語の位置に移動しているからです。つまり、文全体の主語のthis questionが主語であると同時にto answerの意味上の目的語になっているのです。さらに、この不定詞は、上記の(a)の文と違って仮主語itがないわけですから真主語でもありません。ここでのto answerはdifficultを修飾する副詞用法の不定詞ですが付加部として働き、difficult to answerで「答えづらい」という意味になっています。

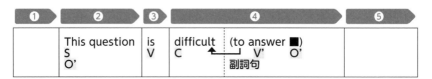

[訳例] この質問は答えるのが難しい／答えづらい。

前出の(a)の仮主語構文は「この質問に答えることは難しい」という事実を述べているだけですが、(b)の構文は、「この質問は、答えづらい」という形で、主語のThis questionの性質を述べる文となっているのです。この構文をとる形容詞の代表例は主に以下のようなものがあります。

- 難・易：difficult, hard, tough, dangerous, impossibleなど／easy, simpleなど
- 快・不快：pleasant, comfortableなど／unpleasant, uncomfortableなど

この構文は、上記のリストの1つであるtough(タフ)が代表例であることから、tough構文と呼ばれます。快・不快を表すものも、「やりやすい・やりづらい」という点で、難易と通じるものがあると考えるとわかりやすいのではないでしょうか。注意点として、上記のimpossible「不可能だ」の反意語のpossibleはtough構文で用いることはできません。

その他、この構文で気をつけるべきことを、いくつか例文を比べながら見ていきましょう。

This car is easy for you to drive.

❶ 副詞	❷ 主語	❸ 述語動詞	❹ 補部	❺ 副詞

▶ It is easy for you to drive this car. ですと、for youは不定詞の意味上の主語になるので、「あなたがこの車を運転することはたやすい」という意味になりますが、tough構文

での〈for +名詞〉は不定詞の意味上の主語ではなく、「～にとって」という意味で、easyを修飾する副詞句です。また、tough構文にすると、主語のthis carの性質を表して「この車は運転しやすい」という意味を表します。

[訳例] この車は、あなたにとっては運転しやすい。

　ちなみに少し単語を入れ替えて、It is easy for you to drive a car. 「あなたが車を運転することは簡単だ」とは言えるのですが、*A car is easy for you to drive.とは言えなくなります。なぜなら、a carと不定冠詞にしてしまうと、「一般的に車というもの」という一般論になってしまいますから、特定の名詞の性質を説明するというtough構文に合わないからです。

This river is dangerous to swim in in July.

▶ 一見するとswimの後にinが2つ続いていて誤植と思われたかもしれませんね。そうではなくて、元になる文を考えると、to swim in this river in Julyのthis riverがtough構文になって文全体の主語の位置に移動しているわけです。このようにtough構文は、不定詞のtoに続くのが他動詞だけではなく、〈自動詞＋前置詞〉となっている場合も作ることができます。

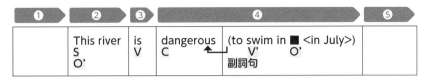

[訳例] この川は、7月に泳ぐのは危険だ。

　ちなみに、上記の文をThis river is dangerous to swim in July.とすることも可能ですが、意味が異なります。元になる文を考えてみてください。to swim this river in July.となりますね。swimは他動詞で用いると「～を泳いで渡る」という意味になります。ですから、この文は「この川は7月に泳いで渡るのは危険だ」という意味になるの

です。このように同じ単語であっても、自動詞・他動詞で意味が変わりますから、知っていると思っている単語であっても、少しでも自分の知っている使い方と違っていたら、その都度、辞書で使い方を確認するようにしましょう。

2-3-2 第2文型＋α 演習　　🔊 TR22

✎ 問　題

1 以下の各文について、主節の主語を○で囲み、述語動詞に＿＿を引き、補部があれば＿＿を引いてその役割（A, O, Cなど）を考えた上で、和訳をしてください。（必要に応じて節は［　］、句は（　）、修飾は〈　〉でくくりましょう）

(1) Mark is proud that he won the tennis tournament when he was in high school.

(2) Mr. Johnson is doubtful whether his son will succeed in the entrance examination.

(3) It is evident that Susie has misunderstood me.

(4) Since it is printed in small letters, this book is difficult for me to read.

2 以下の各文について、括弧内の語（句）を並べ替えて、正しい英文にしてください。（文頭で始まる語も小文字で記してあります）

(1) Jim was born in a poor family, (but / died /he / rich).

(2) (clear / it / not / was / who) made this document.

(3) We knew (conduct / dangerous / experiment / the / to /was), but did it anyway.

3 以下の日本語を英訳してください。

(1) 私は彼が無実かどうかわからない。

(2) この車は、あなたにとっては運転しやすい。

💡 解 答 & ワンポイント解説

1

(1) ⟮Mark⟯ is proud [that he won the tennis tournament [when he was in high school]].

> ▶ be proud that ...は「…ということを誇りに思っている」の意味で、be(V) proud(C) that ...(A)と考えてもよいですし、be proud（Vのカタマリ）that ... （O扱い）と考えてもよいでしょう。

[訳例] マークは高校生の時にテニスの大会で優勝したことを誇りに思っている。

135

(2) [Mr. Johnson] is doubtful [whether his son will succeed in the entrance examination].

> ▶ be doubtful whether ...で「…かどうか疑いを持っている」の意味で、be(V) doubtful(C) whether ...(A)と考えてもよいですし、be doubtful (Vのカタマリ) whether ...(O扱い)と考えてもよいでしょう。

[訳例] ジョンソン氏は、息子が入試に合格するのかどうか、疑っている。

(3) [It] is evident(C) [[that Susie has misunderstood me]].

> ▶ Itが仮主語で、that節が真主語です。evidentは「明らかな」の意味の形容詞です。

[訳例] スージーが私のことを誤解しているのは明らかだ。

(4) [Since it is printed in small letters], [this book] is difficult(C) <for me> (to read).

> ▶ sinceは「…なので」という理由を表す接続詞で副詞節を導きます。to readの意味上の目的語が文全体の主語のthis bookとなっている、いわゆるtough構文です。to readはdifficultを修飾する副詞用法です。

[訳例] 小さな文字で印刷されているので、この本は私には読みづらい。

2

(1) Jim was born in a poor family, **but he died rich**.

> ▶ dieは擬似補語をともなってS die Cとすると「Sは死んだときCだった」という意味。

[訳例] ジムは貧しい家に生まれたが、亡くなったときは裕福だった。

(2) **It was not clear who** made this document.

> ▶ Itが仮主語 [形式主語] で、whoが真主語になる名詞節を導く疑問代名詞です。

[訳例] 誰がこの文書を作ったのか明らかではない。

(3) We knew **the experiment was dangerous to conduct**, but ....

> ▶ conductは「(実験など)を行う」という意味の動詞で、文全体の主語であるthe experimentがその意味上の目的語です。ここはbe dangerous toというtough構文になっていて、to conductはdangerousを修飾する副詞用法です。

[訳例] その実験を行うのは危険だとわかっていたが、とにかく行った。

3

(1) I am not sure whether he is innocent or not. (p. 124)

(2) This car is easy for you to drive. (p. 132)

136

3 第3文型＋α

　第3文型（SVO）の概要についてはp. 97「動詞の文型」で説明した通りですが、ここではその発展的なパターンについて知識を整理していきたいと思います。第3文型は、目的語に何がくるのか、付加部に何がくるのか、といったことを意識して整理するといろいろな発見があります。

1 SV + O（＝名詞句）

　第3文型の目的語に、名詞句（p. 18）であるto V（不定詞名詞用法）やVing（動名詞）がくることがあります。いずれも表面上「Vすること」と和訳する名詞句ですが、不定詞と動名詞には意味の違いがあるため、それらを目的語にとる動詞もある程度決まってきます。

SV + O（= to V〈不定詞名詞用法〉）

　不定詞のtoは前置詞のtoと用法が異なりますが、語源は同じです。前置詞のtoは例えば、go to the stationで「駅の方向へ行く」という意味で、to自体が「→」という方向を表す矢印のイメージを持っていると考えるとよいでしょう。不定詞の場合も、to Vが「Vする方向に向かっている」ということから「これからVする」という"未来志向的"な意味があります。ですから、不定詞を目的語に伴う動詞は「これからする」という意味と相性がよいものが多いです。以下の3種類を意識するとよいでしょう。

- ・意図：「（これから）〜するつもり」
  decide to V「Vしようと決心する」／intend to V「Vするつもりだ」／expect to V「Vするつもりだ」／promise to V「Vすることを約束する」など
- ・意欲：「（これから）〜したい」
  want to V「Vしたいと思う」／hope to V「Vすることを望む」／wish to V「Vすることを望む」／desire to V「Vしたいと望む」など
- ・消極：「（これから）〜したくない」
  refuse to V「Vすることを拒む」／fail to V「Vしない［Vできない］」／hesitate to V「Vするのをためらう」など

　上記の動詞の中には、辞書によっては自動詞と分類されているものもありますが、私たちの目的は細かく品詞を分解することではなく、全体像の中で英文法の知識を体系的に整理することですから、「Vするつもりだ、Vしたい、Vしたくない」という意味の動詞は不定詞を伴うのだということを意識するとよいでしょう。

SV + O （= Ving〈動名詞〉）

　それに対して、動名詞は"事実指向的"といわれていて、「すでにVした」という過去の事柄や、今目の前にある現実を表します。ですから、動名詞を目的語に伴う動詞は以下のような3種類を意識するとよいでしょう。

- **経験：「すでに〜した」**
  finish Ving「Vすることを終える」／stop Ving「Vするのをやめる」／enjoy Ving「Vすることを楽しむ」／give up Ving「Vすることをあきらめる」など
  これからすること、つまりまだしていないことをやめたり楽しんだりあきらめたりはできない、ということを意識すると、これらの動詞が動名詞と相性がよいことが理解しやすいのではないでしょうか。
- **思考："すでに頭の中にある"**
  consider Ving「Vすることを考える」／imagine Ving「Vすることを想像する」など
  これらの動詞はたとえ何を考えていても考えた時点ですでに頭の中に考えがあるわけですから、事実指向的だといえますね。
- **回避："すでに目の前にある現実を回避"**
  mind Ving「Vすることを嫌がる」／avoid Ving「Vすることを避ける」／escape Ving「Vすることを避ける」／deny Ving「Vすることを否定する」／put off[postpone] Ving「Vすることを延期する」など
  延期というのはこれから先のことですが、"すでに確定している予定の回避"と考えてみるとよいでしょう。

　そして、中には不定詞と動名詞両方とも目的語に伴う動詞もありますが、意味が同じということではなく、目的語の違いによって上記のような意味の違いが出てくるということを意識するとよいでしょう。以下に代表的なものを記しますが、その都度、辞書で意味の違いなどを確認するようにするとよいでしょう。

- **remember to V「（これから）Vすることを覚えておく、忘れずにVする」**
  "覚えておくことでこれからするつもりだ"という意図を表すと考えるとよいでしょう。
- **remember Ving「（すでに）Vしたことを覚えている」**
  "すでにしたことを覚えている"という経験の意味だと考えるとよいでしょう。

- like to V「Vしたいと思う」
- like Ving「Vすることが好きだ」

いずれも表面上は「Vすることを好む」と訳せますが、like to Vの場合は「Vしたいと思う」という意欲を表すのに対して、like Vingは「(習慣的に) Vするのが好きだ」ということで経験を含意しています。

それではいくつか例文を見ていきたいと思います。せっかくですから、ただ英文を全体像に当てはめるのみならず、英文中に二択の選択肢を置きますので、不定詞なのか動名詞なのか考えながら当たってみてください。

Because John left home in a hurry, he forgot to bring / bringing his wallet with him.

▶ forget「忘れる」は動名詞を目的語にとるとforget Vingで「(すでに) Vしたことを忘れる」という意味で、すでにVをしていてそれを度忘れしているということになります。それに対して、forget to Vは「(これから) Vし忘れる」という意味で、まだVはしていないことになります。ここでは急いでいたので持参し忘れたわけですから、不定詞を伴います。ちなみに私たちの目的はあくまで品詞分解をすることではなく、全体像の中で英文の意味を理解することですから、以下のようにforgetをV、to VをOと分析してもかまいませんし、forget to V全体で「Vし忘れる」という動詞のカタマリと解釈して、不定詞のbringを動詞の中心として考えてもよいでしょう（実際に英語の文章を読んだりするときは、後者のほうが楽かもしれません）。

❶	❷	❸	❹	❺
[Because John left home in a hurry],	he	forgot V	(to bring his wallet)	\<with him\>
副詞節	S	forgot to bring V	his wallet O	

[訳例] ジョンは急いで家を出たので、財布を持って来るのを忘れた。

After I failed in my project, I regretted to ignore / ignoring his advice.

> regretは後ろめたさを表す動詞で、regret to Vだと「残念ながらVする」という意味で、これから良くない内容のことを伝える場合などに用いますが、regret Vingだと「(すでに) Vしたことを後悔する」という意味で、過去の失敗などを悔やむ場合に用います。この英文では失敗を悔やんでいるわけですから動名詞を伴います。

❶	❷	❸	❹	❺
[After I failed in my project], 副詞節	I S	regretted V	(ignoring his advice) O	

[訳例] 私はプロジェクトに失敗した後で、彼の助言を無視したことを後悔した。

I tried to say / saying something to the lady, but no words came out because I was nervous.

> tryはtry Vingとすると「試しにVする」という意味で、何らかの目的を達成するために、Vすることを試してみることを含意します。例えば、I tried saying hello to the lady, but she ignored me.「私はその女性に試しに挨拶をしてみたが、彼女は私を無視した」であれば、実際に声をかけたことになりますから動名詞を目的語にとります。しかし、try to Vは「(これから) Vしようと試みる」という意味で、実際にVするとは限りません。ここでは等位接続詞のbut以降で「言葉が出てこなかった」と述べられていますから、実際には思い出せなかったわけです。ですから、try to Vとします。tryに関しても、tryをV、to VをOと分析してもかまいませんし、try to V全体を動詞のカタマリと考えて不定詞のsayを動詞の中心と考えてもかまいません。

①	②	③	④	⑤
	I	tried V	(to say something to the lady) O	
	S	tried to say V	something O	<to the lady>
but					
	no words S	came out V		[because I was nervous]

[訳例] 私はその女性に何かを話そうと試みたが、緊張していたので言葉が出てこなかった。

2 SV + O (=名詞節)

第3文型の目的語に、名詞節（p. 26）がくることがありますが、これもどういう名詞節を伴うのかによって、動詞の意味が決まってきます。

SV + that節

that節は名詞節で用いると「…ということ」という意味で、考えや事実の内容を表します。ですから、SVOでOにthat節を伴う動詞は、考えや事実と相性のよい、思考 (think, consider, suppose, imagineなど)・認識 (know, recognize, realize, findなど)・発言 (say, reportなど) を表す動詞に限られます。

Before giving up the project, I should have realized that I was not alone.

▶ should have Vp.p.は「Vすべきだったのに（しなかった）」という意味で過去の後悔を表します (p. 76)。realizeは「〜に気づく、悟る」という認識を表す動詞でthat節を目的語に伴っています。

①	②	③	④	⑤
<Before (giving up the project)>, 前置詞+動名詞	I S	should have realized V	[that I was not alone] O	

第2部　全体像の要素を見分ける

3　補部──より正確な理解へ

[訳例] そのプロジェクトを諦める前に、私は一人ではないということに気づくべきだったのに。

At the party yesterday, the man sitting in the corner said that he wanted to drink wine.

❶ 副 詞	❷ 主 語	❸ 述語動詞	❹ 補 部	❺ 副 詞

▶ sittingは分詞でthe manを修飾する形容詞句を導いています。sayが「…だと話す」という意味の発言を表す動詞でthat節を目的語に伴っています。

❶	❷	❸	❹	❺
\<At the party yesterday\>,	the man (sitting in the corner) ◀— S　　　形容詞句	said V	[that he wanted to drink wine] O	

[訳例] 昨日のパーティーで、角の席に座っていた男性が、ワインが飲みたい、と言った。

★知識事項 +α　V + that節の応用

「1つの単語＝1つの意味」と決めつけて、特に中学レベルの簡単な単語が出てくると、「知っている」と辞書すら引かない人が一定数いるように思われます。しかし、みなさんが知っていると思い込んでいる動詞も、that節を伴うと、下記のように「考える・わかる・話す」という系統の意味になります。

・see that … 「…だとわかる」
・hold that … 「…だと考える」
・take it for granted that … 「…を当たり前だと思う」※itは仮[形式]目的語
・have it that … 「…だと言う」※itは仮[形式]目的語

一例を挙げただけですので、細かい使い方は辞書で用例などを確認してください。私がここで言いたかったのは、知っていると思っている単語であっても、使い方が変われば当然意味も変わってくる、ということです。ですから知っていると思っている単語であっても後ろにthat節を伴っていれば思考・認識・発言を表す意味になるのではないかと判断し、その都度、きちんと辞書で用法を確認するようにしましょう。

★知識事項 +α　〈S + V〉の挿入

文中に2つのカンマで区切られた部分は「挿入」といって、後から補った補足説明であり、挿入箇所そのものは文の要素にならないのですが、この挿入部分に〈S + V〉が入ることがあります。ただしどんなSVでも挿入されるわけではなく、前述の「思考・認識・発言」を表す

動詞、つまり目的語にthat節を伴う動詞に限られます。文中にSVが挿入されているとわかりづらい場合は、以下の例のように文頭にSVを移動させて、挿入前後の部分をthat節のように解釈するとわかりやすいと思います。

> Reading aloud English passages, I think, is good for improving your English skills.
>
> [訳例] 英語の文章を音読することは、英語力を向上させることにとって良い、と私は思う。
>
> [参考] <u>I think (that)</u> reading aloud English passages is good for improving your English skills.

これは目的語にthat節を伴う動詞だけではなく、p. 57で扱ったit seems that ...「…のように思われる」や、it is said that ...「…だと言われている」のように、何らかの形で後ろにthat節を伴うSVも挿入されることがあります。

> The old man, it seems, was rich when he was young.
>
> [訳例] その老人は、若い頃は裕福だったように思われる。
>
> [参考] <u>It seems that</u> the old man was rich when he was young.
>
> The baseball player, it is said, is considering going to the U.S. in the near future.
>
> [訳例] その野球選手は近い将来にアメリカに行くことを検討していると言われている。
>
> [参考] <u>It is said that</u> the baseball player is considering going to the U.S. in the near future.

なお注意していただきたいのは、that節のカタチが"that S (should) V原形"とp. 130同様に仮定法現在が用いられている場合は、"命令する"という意味と相性の良い、必要 (require, demand, request, insistなど)・提案 (suggest, propose, advise, recommendなど)・命令 (order, commandなど) を表す動詞が用いられる点です。

> When I was asked by an employee what she should do, I advised that she take some rest.

▶ adviseは「助言する」という動詞（ちなみに名詞形はadvice「助言」で綴りと発音が異なります。動詞の場合は[ədvaiz]と濁って発音しますが、名詞の場合は[ədvais]となり

ます）で、that節の中には"（should +）V原形"と仮定法現在を伴います。過去時制のtookにしたり三人称単数の主語sheにつられてtakesとしたりしないように注意してください。

❶	❷	❸	❹	❺
[When I was asked \<by an employee\> 副詞節 S　V 　　[what she should do]], 　　　　O名詞節	I S	advised V	[that she (should) take some rest] O	

[訳例] 私はある従業員に何をしたらいいかと尋ねられたとき、少し休むように助言した。

★ 知識事項 +α　suggestとinsist

suggestとinsistは命令を表す意味と、発言を表す意味があります。前者の場合は伴うthat節の中は仮定法現在が用いられるのに対して、後者の場合はthat節の中は普通の文（これを「直説法」と言います）になります。どの場合にどういう使い方をするのかということを、普段から意識するようにしましょう。

Our teacher suggested (that) we keep a diary in English.

▶ suggestは「提案する」という意味で、that節の中は仮定法現在が用いられています。

[訳例] 先生は私たちに英語で日記をつけたらどうかと提案した。

The study suggested (that) the economy is improving.

▶ suggestは「示唆する、示す、話す」といった意味の場合は命令の意味がありませんから、that節の中は直説法になります。

[訳例] その研究は、経済が改善しつつある、ということを示唆した。

The doctor insisted (that) I come again the next week.

▶ ここでのinsistは「要求する、強く求める」という意味ですから、that節の中は仮定法現在が用いられています。

[訳例] 医者は私に翌週もう一度来るようにと言った。

The man insisted (that) he was right in the decision.

▶ insistは、「主張する」という意味の場合はthat節の中が直説法になります。

[訳例] その男性は、その決断において自分が正しいと主張した。

SV + wh-節

wh-節はp. 26で扱った疑問詞（疑問代名詞who, which, what／疑問副詞when, where, why, how）や、従属接続詞のwhether[if] ... (or not)「…かどうか」が用いられ、これらは名詞節を導きます。例えば、whetherやifであれば「…かどうか」という意味で、するのかしないのかよくわからないこと、whoであれば「誰」、whenであれば「いつ」というように、不確定な疑念を表します。そのため、これらを目的語にとる動詞は、「わかる・わからない・（わからないから）知りたい・知りたくない」といった意味と相性がよく、認識（know, understand, discover, learn など）や疑念（don't know, doubt, wonder など）を表すものが多いです。

When I saw a stranger near my house, I wondered whether I should call the police.

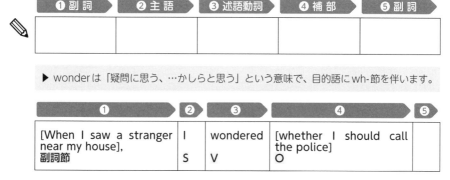

▶ wonderは「疑問に思う、…かしらと思う」という意味で、目的語にwh-節を伴います。

①	②	③	④	⑤
[When I saw a stranger near my house], 副詞節	I S	wondered V	[whether I should call the police] O	

[訳例] 家の近くで見知らぬ人を見かけたとき、私は警察に電話をするべきかと思った。

You don't understand how difficult it was to deal with other people's children.

▶ howは疑問副詞で名詞節を導きますが、how SVという語順だと「どのように〜するか」という方法を表すのに対して、「どれほど〜するか」という程度を表す場合、howの直後にhowが修飾する形容詞や副詞がきます。It was difficult to deal with other people's children.「他人の子供を扱うことは難しかった」（Itは仮主語でto dealが真主語）という文のうち、difficultがhowに修飾された結果できたのが上記の英文です。

understand「理解する」が否定されてdon't understand「理解していない、わかっていない」という意味となり、wh-節と相性がよくなるわけです。

①	②	③	④	⑤
	You	don't understand	[how difficult it was 　C　仮S V (to deal with other people's children)]	
	S	V	O　真S	

[訳例] 他人の子供を扱うことがどれほど難しかったのか、君はわかっていない。

📌 知識事項 (+α) doubtの語法

doubtという動詞は目的語に何がくるかによって意味が微妙に変わってきます。

・doubt that ...「…しないと思う」(≒ don't think that ...)

I doubt that our team will win.

[訳例] 私たちのチームは勝たないと思う。
※ちなみにdoubtと間違えやすい動詞にsuspectがあり、いずれも「疑う」と訳すことがあるので誤解されやすいですが、suspect that ... は「…ではないかと思う」という意味でthink that ... に相当するので気をつけましょう。

I suspect that our team will win.

[訳例] 私たちのチームは勝つと思う。

・doubt whether[if] ...「…かどうか疑わしい」(≒ don't know whether[if] ...)

I doubt whether our team will win.

[訳例] 私たちのチームが勝つのか疑わしい。

📌 知識事項 (+α) 疑問詞 to V

疑問詞を"疑問詞+ to V"とすると、全体で名詞句となり、"疑問詞 S should V"に相当する意味になります。疑問詞以外に、whether も whether to V (or not)とすると「Vすべきかどうか」という名詞句となり、whether S should V (or not)に相当する意味になります。
　ちなみに、whetherはwh-で始まっていることからもわかるように、今の英語では従属接続詞に分類されますが、もともとは疑問詞でした。そのため上記のような使い方ができますが、同意表現のifはあくまで従属接続詞ですから、*if to Vという表現にはなりません。

I don't know what to do about this task.

[訳例] この課題に関して何をすべきなのかわからない。
[参考] I don't know what I should do about this task.

3 SVO ＋付加部
SVO ＋前置詞句

　第3文型の付加部に特定の前置詞が続くと、ある程度決まった意味になります。以下に代表的なパターンと、そのパターンをとる動詞のリストを掲載します。使い方がわからないものなど、その都度、辞書で用例などを確認するようにしましょう。

- V ＋ A with B「AにBを供給する」
  provide, supply, present, equip, furnish, serve など

- V ＋ A for B「BのことでAをほめる、責める」
  praise, admire, thank, blame, scold, criticize, punish など

- V ＋ A of B (1)「AにBを知らせる」
  inform, notify, convince, warn, remind など

- V ＋ A of B (2)「AのBを奪う、取り除く」
  rob, deprive, rid, clear, cure, relieve など

- V ＋ A into B「AをBに変える」
  turn, change, translate, transform など

- V ＋ A on B「AをBに押し付ける」
  impose, inflict, impress, bestow など

- V ＋ A as B「AをBとみなす、考える」
  regard, view, consider, think of, look on など

- V ＋ A from B「AをBと区別する」
  distinguish, tell, know など

- V ＋ A from Ving「AがVするのを妨げる」
  prevent, stop, keep, hinder, discourage など

　上記のようなパターンを普段から意識しておくと、表現を覚えるのが楽になるだけでなく、例えば辞書が使えない試験などを受けた際に、初見の英文でよくわからない単語が出てきても、意味を類推することができるといった利点もあります。

On a hot summer day, I sprinkled our garden with water so as not to kill the flowers.

❶ 副 詞	❷ 主 語	❸ 述語動詞	❹ 補 部	❺ 副 詞

▶ よく見ると、sprinkle A with Bと<V A with B>の形になっていることから、「庭に水を供給する」という方向性の意味ではないかと判断できます。厳密にはsprinkle A with Bで「AにBを振りまく、散布する」という意味です。so as not to Vはso as to V「Vするために」という目的を表す不定詞副詞用法を否定したもので「Vしないように」という意味になります。

❶	❷	❸	❹		❺
<On a hot summer day>,	I	sprinkled	our garden	<with water>	(so as not to kill the flowers).
	S	V	O	付加部	副詞句

[訳例] ある暑い夏の日に、私は花を枯らさないようにするために、我が家の庭に水を振りまいた。

2-3-3 第3文型＋α 演習　🔊 TR24

✎ 問　題

1 以下の各文について、主節の主語を○で囲み、述語動詞に＿＿を引き、補部があれば＿＿を引いてその役割（A, O, Cなど）を考えた上で、和訳をしてください。（必要に応じて節は [ ]、句は ( )、修飾は 〈 〉 でくくりましょう）

(1) In the interview I avoided asking trivial questions.

(2) The man asking me the time said that his watch had broken.

(3) Making noises when you eat your soup, we learn in our childhood, is a bad manner in this country.

(4) Ken didn't know why his wife ignored him during the morning.

2 以下の各文について、括弧内の語（句）を並べ替えて、正しい英文にしてください。

(1) The company offered a good job to Lucy, (but / it / refused / she / to / take).

(2) You don't understand (children / hard / how / is / it / raise / to).

(3) My wife always (blames / carelessness / for / me / my).

3 以下の日本語を英訳してください。

(1) ジョンは急いで家を出たので、財布を持ってくるのを忘れた。

(2) 昨日のパーティーで、角の席に座っていた男性が、ワインが飲みたい、と言った。

💡 解 答 ＆ ワンポイント解説

1

(1) \<In the interview\> ⒤ <u>avoided</u> (asking trivial questions)_(O).

▶ avoid Ving で「Vすることを避ける」の意味で、Ving は avoid の目的語になる動名詞。

[訳例] 面接で、私はくだらない質問をすることを避けた。

(2) ⟦The man⟧ (asking me the time) <u>said</u> [that his watch had broken]_(O).

▶ say「〜を話す」の目的語に that 節がきています。ちなみに ask 人 the time で「時間を尋ねる」の意味です。the が付いていることから the time は文脈上特定の時刻、つまりその時点での時間という意味です。Do you have the time? は「今何時ですか」とい

149

う意味なのに対し、Do you have time? ですと、漠然とした時間を持っているかどうか
を尋ねるので「お時間ありますか」という意味になることを併せて覚えておきましょう。

[訳例] 時間を尋ねてきた男性は、腕時計が壊れてしまったのだと言った。

(3) [Making noises [when you eat your soup]], <we learn in our childhood>,
is a bad manner_(C) <in this country>.

▶ 挿入されている we learn in our childhood は頭の中で文頭に移して、We learn in
our childhood (that) making noises ... is a bad manner ... と考えましょう。

[訳例] スープを飲むときに音を立てることは、この国では行儀が悪い、というこ
とを私たちは子供の頃に学ぶ。

(4) [Ken] didn't know [why his wife ignored him during the morning]_(O).

▶ why「なぜ…か」は疑問副詞で、didn't know の目的語になる名詞節を導いています。

[訳例] ケンは、なぜ妻が午前中に彼のことを無視していたのか、わからなかった。

2

(1) The company offered a good job to Lucy, **but she refused to take it**.

▶ refuse to V で「V することを拒む」という意味です。

[訳例] その会社はルーシーにいい仕事を提示したが、彼女はそれを引き受けるこ
とを拒んだ。

(2) You don't understand **how hard it is to raise children**.

▶ how は understand の目的語になる名詞節を導く疑問副詞 (p. 145) です。ここでは子育ての
大変さの程度を表すので、it is hard to V「V するのが大変だ」(it が仮主語で to V が真主語)
の hard を how が修飾し、how hard it is to V「V するのがどれほど大変か」となります。

[訳例] 子供を育てることがどれほど大変なのかあなたはわかっていない。

(3) My wife always **blames me for my carelessness**.

▶ blame A for B で「B の理由で A を責める」の意味になります。

[訳例] 妻はいつも私の不注意を責める。

3

(1) Because John left home in a hurry, he forgot to bring his wallet with
him. (p. 139)

(2) At the party yesterday, the man sitting in the corner said that he wanted
to drink wine. (p. 142)

4　第4文型＋α

　第4文型（SVO_1O_2）の概要についてはp. 97「動詞の文型」で説明した通りですが、ここではその発展的なパターンについて知識を整理していきたいと思います。第4文型をとる動詞の多くは、$SVO_1O_2 \leftrightarrows SVO_2$＋前置詞＋ O_1と前置詞句を用いて第3文型に書き換えることができる（これを「与格交替」と言い、後者の形を「与格構文」と呼ぶことがあります）のですが、語順が変われば意味が変わるというのが英語の原則です。この書き換えで意味がどう変わるのか、そしてどういう前置詞がくるのか、といったことを見ていきたいと思います。また、第3文型などの場合と同様に、目的語に節がくる場合、どういう動詞と相性が良いのかといったことも見ていきたいと思います。

1 与格交替

　第4文型はgiveを代表例として「与える」という意味になることが基本です。例えばgiveであればgive O_1 O_2 $\leftrightarrows$ give O_2 to O_1「O_1にO_2を与える」となるわけですが、この2つは同義というわけではありません。まずは以下の2つの例文を見比べてその違いを考えていきましょう。

My father gave me a watch as my birthday present.

❶副詞	❷主語	❸述語動詞	❹補部	❺副詞

▶ まず英語には文末焦点の原則というものがあって、VO_1O_2とするとO_2の方に焦点が当てられて、「何を与えてくれたのか」ということに重点があることになります。そして、「O_1にO_2を与える」という意味から、「与えられた結果O_1がO_2を所有する」という意味が含意され、O_1とO_2の間に"S' have O'"という関係が隠れているということになるのです。

❶	❷	❸	❹		❺
My father	gave	me O_1	a watch O_2		\<as my birthday present\>
S		V	S' have	O'	

[訳例]　父は私に誕生日プレゼントに腕時計をくれた。

My father promised to give a watch to me as a birthday present.

❶ 副詞	❷ 主語	❸ 述語動詞	❹ 補部	❺ 副詞
			.	

> ▶ 「第3文型＋α」のところでも確認したように、promiseがV、to VがOになる名詞用法と分析してもかまいませんが、promise to V全体で「Vすることを約束する」という動詞のカタマリと考えてgiveを中心に考えたほうが楽だと思いますので、今回はそのかたちで分析します。
>
> まず、文末焦点の原則から、V O₂ to O₁とした場合は、「誰に与えたのか」という与えた相手に焦点が当たります。give O₁ O₂の場合と違って、give O₂ to O₁とすると、toは「→」という方向を表す矢印のイメージであり、「O₂がO₁に向かう」というだけであって"S' have O"という関係は含意されません。そのため、O₂がO₁の元にたどり着くことまでは表していない、つまりO₁はO₂を受け取るとは限らないのです。今回の場合、父はプレゼントをくれると約束してくれたものの、実際に受け取ったかどうかまではわからない、ということになります。

❶	❷	❸	❹	❺
	My father S	promised to give V	a watch <to me> O₂ A	<as a birthday present>

[訳例] 父は私に誕生日プレゼントに腕時計をくれると約束した。

　この後では、この与格交替が起こる際に、動詞ごとにどういう前置詞をとるのかということを見ていきましょう。

SVO₂ to O₁

　この与格交替が起こる際にどういう前置詞を伴うのかは、動詞の意味と密接なつながりがあります。先ほどのgive O₂ to O₁でも見たように、与格交替をしてSVO₂ to O₁となる場合、toは「→」のような方向を表す矢印のイメージがあるため、"O₂をO₁の方向へ運ぶ"というニュアンスを含むものになります。以下の動詞がその代表例です。

SVO₁O₂ ⇆ SVO₂ to O₁のパターンをとる動詞
give「与える」／hand「手渡す」／lend「貸す」／offer「提供する」／
pass「手渡す」／send「送る」／show「見せる」／teach「教える」／
tell「伝える」など

SVO₂ to O₁となる場合、誰の元へ届けるのかということを表すため、to O₁の部分は

付加部（A）だと考えたほうがよいでしょう（前置詞句ですが原則としては省略せずに明示します）。

My friend lent me 5,000 yen because I forgot to bring my wallet.

❶ 副詞	❷ 主語	❸ 述語動詞	❹ 補部	❺ 副詞

▶ lentはlendの過去形で、lend O₁ O₂ ⇄ lend O₂ to O₁ で「O₁にO₂を貸す」の意味です（「貸す」ことを日本語でも「貸与する」というように"与える"という意味が含意されています）。My friend lent 5,000 yen to meとすると、誰に貸したのかということに重点が置かれることになります。

❶	❷	❸	❹		❺
	My friend	lent	me O₁	5,000 yen O₂	[because I forgot to bring my wallet]
	S	V	S' have O'		副詞節

[訳例] 私は財布を持ってくるのを忘れてしまったので、友人は私に5,000円を貸してくれた。

I sent a letter to Mary, but I don't know whether she received it.

❶ 副詞	❷ 主語	❸ 述語動詞	❹ 補部	❺ 副詞

▶ sentはsendの過去形で、send O₁O₂ ⇄ send O₂ to O₁ で「O₁にO₂を送る」の意味となります。ただし、この文は後半部分で「受け取ったかどうかわからない」と述べられていますから、*I sent Mary a letter, but ...とはできません。なぜなら、そうしてしまうと"Mary has a letter"という意味が含意されてメアリーがすでに手紙を受け取ったことになり、後半部分と矛盾してしまうからです。

❶	❷	❸	❹	❺
	I S	sent V	a letter O₂	<to Mary>, A
but
	I S	don't know V	[whether she received it] O	

[訳例] 私はメアリーに手紙を送ったのだが、彼女が受け取ったかどうか知らない。

The committee denied the man admittance.

❶ 副詞	❷ 主語	❸ 述語動詞	❹ 補部	❺ 副詞

▶ denyは「否定する」という意味ですが、第4文型をとると"否定する＋与える"という意味から、deny O₁O₂ ⇄ deny O₂ to O₁ で「O₁にO₂を与えない」という意味になります。admittanceは「入場の権利」という意味の名詞で「入場の権利を与えなかった」→「入場を許可しなかった」と意訳すればよいでしょう。

❶	❷	❸	❹	❺
	The committee S	denied V	the man O₁	admittance. O₂

[訳例] 委員会はその男に入場を許可しなかった。

SVO₂ for O₁

それに対して与格交替をしてSVO₂ for O₁となる場合、forは「〜のために」という相手に対する利益を表し、"O₁のためにO₂をしてあげる"というニュアンスを含むものになります。以下の動詞がその代表例です。

SVO₁O₂ ⇄ SVO₂ for O₁ のパターンをとる動詞
buy「買う」／cook「料理する」／find「見つける」／make「作る」／
play「演奏する」／sing「歌う」など

例えば、buy O₁O₂はbuy O₂ for O₁「O₁のためにO₂を買ってあげる」という意味になりますが、O₁のためではなくても買い物という行為自体は行うことができます。そのため、for O₁自体は省略することもできるので、for O₁は付加部というより文末の副

詞と考えてよいと思います。

Bob cooked breakfast for his wife, because she didn't feel well.

▶ cook「料理する」はcook O_1O_2とすると「O_1にO_2（料理）を作ってあげる」という意味の第4文型になります。与格交替をしてcook O_2 for O_1とすると「O_1のためにO_2（料理）を作ってあげる」というニュアンスが強まります。

❶	❷	❸	❹	❺
	Bob S	cooked V	breakfast O_2	\<for his wife\>, [because she didn't feel well] 副詞節

[訳例] 妻の気分がよくなかったので、ボブは妻のために朝食を作ってあげた。

SVO₂ to/for O₁

第4文型をとる動詞のうち、bringとleaveは与格交替をする際にtoとforの両方をとります。ただし、同意というわけではありません。bringの場合は、toとforのいずれをとるのかで上記のようなニュアンスの違いが出てきますし、場合によってはtoとforは共起可能です。leaveは「財産を残す」という意味の場合はto、「（物を）取っておく」という意味の場合はforを伴います。

My daughter brought a towel to my wife for me, because I was busy.

▶ broughtはbringの過去形でbring O_1O_2「O_1にO_2を持ってきてあげる［くれる］」という意味になります。与格交替をする際にtoを用いれば誰に届けるのかを明示し、forを用いれば誰のためにするのかを明示します。ここでは忙しくて手が離せない「私のために、私に代わって」「妻の元へ」タオルを持ってくるという状況を表しています。

①	②	③	④		⑤
	My daughter S	brought V	a towel O_2	<to my wife> A	<for me>, [because I was busy]

［訳例］ 私は忙しかったので、娘が私の代わりに妻にタオルを持ってきてくれた。

When he died, George left a large fortune to his children.

①副詞	②主語	③述語動詞	④補部	⑤副詞

▶ leftはleaveの過去形です。leave O_1 O_2で「O_1にO_2（財産・遺産など）を残す」という意味の場合、O_1にO_2を届けるというニュアンスがあるため、与格交替をするとleave O_2 to O_1となります。

①	②	③	④		⑤
[When he died], 副詞節	George S	left V	a large fortune O	<to his children>	

［訳例］ 亡くなったとき、ジョージは莫大な財産を子供たちに残した。

We left some cake for my brother.

①副詞	②主語	③述語動詞	④補部	⑤副詞

▶ leave $O_1$$O_2$が「$O_1$に$O_2$（物）を残しておく」という場合は、$O_1$のために残しておいてあげるというニュアンスになるため、与格交替をするとleave O_2 for O_1となります。

①	②	③	④	⑤
	We S	left V	some cake O_2	<for my brother>

［訳例］ 私たちは兄のために少しケーキを残してあげた。

知識事項 +α　askと第4文型

askは「頼む」「招待する」などいろいろな意味があって各用法が異なるので、その都度、辞書などで使い方を確認していただきたいのですが、askが「尋ねる」という意味の場合、"質

問を与える”という意味を含むので、第4文型をとります。このask O_1 O_2「O_1にO_2を尋ねる」を与格交替すると前置詞はofをとりますが、この場合のO_2はa question「質問」かa favor「親切な行為」に限り、他の名詞を用いることはありません。ですから、変に一般化するよりも、ask a question of 〜「〜に質問をする」、ask a favor of 〜「〜にお願いをする」という熟語だと割り切って覚えてしまったほうがよいでしょう。

📌 知識事項 (+α) 与格交替をしない動詞

第4文型をとる動詞のすべてが与格交替をするというわけではなく、以下の動詞は第4文型をとるか、O_1を省略してSVO$_2$という形で用います。

・cost O_1 O_2「O_1にO_2（金額・労力・犠牲）がかかる」

It cost me a lot of money to buy a new car.

▶ itは仮［形式］主語で、to buyが真主語です。

［訳例］新しい車を買うのに大金がかかった。

・take O_1 O_2「O_1にO_2（時間）がかかる」

It took me two weeks to finish the report.

▶ 同じくitは仮［形式］主語で、to finishが真主語。It took two weeks for me to finish the report.とmeを不定詞の意味上の主語として示すこともできます。

［訳例］そのレポートを仕上げるのに2週間かかった。

・envy O_1 O_2「O_1のO_2をうらやましく思う」

I envy you your success.

［訳例］君の成功がうらやましい。

・save O_1 O_2「O_1のO_2（労力・時間）を省く」

Computers save us a lot of time.

▶ ちなみにsaveは「取っておく（確保しておく）」という意味で第4文型をとる場合は、相手のためにすることですから、与格交替をして、save O_1O_2 ⇄ save O_2 for O_1「O_1のためにO_2をとっておく」となります。

［訳例］コンピュータは多くの時間を省いてくれる。

・spare O_1 O_2「O_1にO_2（苦労）を与えない」

Your help spared me the trouble.

▶ ちなみにspareは「（時間を）割く」という意味で第4文型をとる場合は、同じく相手

第2部　全体像の要素を見分ける　3　補部—より正確な理解へ

157

のためにすることなので、与格交替をして spare $O_1 O_2 \rightleftarrows$ spare O_2 for O_1「O_1のためにO_2を割く」となります。

[訳例] 君が助けてくれたから面倒が避けられた。

2 SVO$_1$O$_2$ で「O$_2$＝節」の場合

p. 141で扱った第3文型の場合と同様に、第4文型のO_2に節がくる場合、ある程度動詞との相性でこのパターンになります。

SVO$_1$＋ O$_2$（that節／wh-節）

「教える（知識を与える）」という意味系統の tell, show, teach はO_2に that節を置くこともできます。またこれらの動詞と、「尋ねる（質問を与える）」という意味の ask はO_2に wh-節を置くこともできます。

When the teacher called Sara's name, we told him that she was absent.

❶ 副 詞	❷ 主 語	❸ 述語動詞	❹ 補 部	❺ 副 詞

▶ tell O_1 O_2「O_1にO_2と言う、伝える」のO_2の位置に that節が置かれています。ちなみに、本文の that節を普通の名詞で置き換えて言い換えると、..., we told him her absence. となります。

❶		❷	❸		❹		❺
[When the teacher called Sara's name], 副詞節		we	told		him	[that she was absent]	
		S	V		O_1	O_2	

[訳例] 先生がサラの名前を呼んだとき、私たちは彼に、彼女は欠席だ、と言った。

❶ 副 詞	❷ 主 語	❸ 述語動詞	❹ 補 部	❺ 副 詞

We asked our English teacher what we should do in order to improve our English.

▶ ask O_1 O_2「O_1にO_2を尋ねる」のO_2の位置に what節がきています。in order to V

158

は「Vするために」という【目的】を表す副詞用法の不定詞でwhat節の中のdoを修飾しています。

❶	❷	❸	❹	❺
We S	asked V	our English teacher O₁	[what we should do (in order to improve our English)] O₂　　　　　　　　　　　副詞句	

[訳例] 私たちは英語の先生に、英語を向上させるために何をするべきなのか、と尋ねた。

SV A of B ⇄ SVO₁ + O₂ = that節

「伝達する」という意味系統のassure「保障する」、convince, persuade「納得させる」、inform「知らせる」、remind「思い出させる」などは、名詞を目的語にとる場合はV A of B「AにBを伝える」というp. 147で扱ったSVOAをとります。このBにあたる部分にthat節がくると、that節は前置詞の目的語になることができないため、ofが削除されて、V O₁ that ... と第4文型の形をとります。そういう意味では、純粋な第4文型とは異なるので、ofの有無に気をつけましょう。

My mother called me last night, and informed me that my father had died.

▶ 等位接続詞のandがcalledとinformedという動詞をつないでいます。inform O₁ that ...で「O₁に…ということを伝える」という意味で、O₂を普通の名詞にするとinform A of B「AにBを知らせる」となります。ですから、この例文のO₂は、同内容の名詞を使って言い換えると ... informed me of my father's death. となり、前置詞のofが入るので注意してください。

❶	❷	❸	❹	❺
	My mother	called V	me O	\<last night\>
		and		
	S	informed V	me O₁	[that my father had died] O₂	

［訳例］昨夜母が私に電話をしてきて、父が亡くなった、と私に知らせた。

Due to lack of evidence, we could not persuade John that the story was true.

❶副詞	❷主語	❸述語動詞	❹補部	❺副詞

▶ due to〜は「〜のために」という理由を表す前置詞句で、同意表現にbecause of, on account of, owing to, thanks toなどがあります。persuade O_1 that ...は「O_1に…ということを納得させる」という意味で、O_2に普通の名詞を使うと、persuade A of B「AにBを納得させる」となります。ですから、この例文のthat節を同内容の名詞を使って言い換えると、... could not persuade John of the truth of the storyとofが入るので注意してください。また、persuadeはpersuade O to Vやpersuade O into Vingとすると「Oを説得してVさせる」、persuade O out of Ving「Oを説得してVするのをやめさせる」といった意味になります。1つの単語＝1つの意味という覚え方をするのではなく、型が変われば意味が変わるのだということを常に意識して、その都度、辞書などで確認するようにしましょう。

❶	❷	❸	❹		❺
\<Due to lack of evidence\>,	we S	could not persuade V	John O_1	[that the story was true]. O_2	

［訳例］証拠不足のため、私たちはジョンに、その話が本当だということを納得させることができなかった。

📌 知識事項 ＋α　第４文型と混同しやすい動詞

say「話す」、explain「説明する」、suggest「示唆する」、recommend「勧める」は「人 に コト を〜する」と訳すので第４文型と勘違いされることが多いですが、あくまで第３文型で"V コト to 人"という形をとります。

Our teacher explained the process to us.

［訳例］先生は私たちにその過程を説明してくれた。

さらにこれらの動詞が目的語にthat節をとる場合、英語では長い目的語を文末に回す傾向があるため、"V (to 人) that ..."という語順になります。

Warren said to me that he had already handed in the homework.

［訳例］ウォーレンは私にすでに宿題を提出したと言った。

　繰り返しになりますが、日本語と英語は一対一の対応をしているわけではありません。その都度、辞書で文型や用例を確認し、「英語ではどう表現するのか」ということを正確に覚えるようにしましょう。

2-3-4 第4文型＋α 演習　　🔊 TR26

✏️ 問 題

1 以下の各文について、主節の主語を○で囲み、述語動詞に＿＿を引き、補部があれば＿＿を引いてその役割（A, O, Cなど）を考えた上で、和訳をしてください。（必要に応じて節は [　]、句は（　）、修飾は〈　〉でくくりましょう）

(1) Could you tell me the way to the station?

(2) I'm going to buy you lunch because you helped me with my homework.

(3) These statistics show us that the population is aging in this country.

(4) The man in gray suit asked me when the next train was leaving.

2 以下の各文について、括弧内の語（句）を並べ替えて、正しい英文にしてください。

(1) I tried to (a / give / hand / helping / lady / old / the / to), but she rejected it.

(2) When I came home, my wife (a Smith / told / had / me / that / visited) me.

(3) I (asked / coworkers / my / of / one / responsible / was / who) for the business deal.

3 以下の日本語を英訳してください。

(1) 私はメアリーに手紙を送ったのだが、彼女が受け取ったかどうか知らない。

(2) 私たちは英語の先生に、英語を向上させるために何をするべきなのか、と尋ねた。

💡 解 答 & ワンポイント解説

1

(1) Could ⌈you⌉ <u>tell</u> <u>me</u>(O1) <u>the way</u>(O2) <to the station>?

> ▶ Could you ...?はCan you ...?という表現よりも丁寧な言い方です (p. 74)。「O1にO2を教える」という第4文型は、tellは口頭で教える、showは地図を描いたりして目に見えるかたちで教える、teachは教科や技術などを教える、という違いがあります。

[訳例] 駅までの道を教えてくださいませんか？

(2) ⌈I⌉'m <u>going to buy</u> <u>you</u>(O1) <u>lunch</u>(O2) [because you helped me with my homework].

162

▶ buy O_1 O_2で「O_1にO_2を買ってあげる［くれる］」という意味の第4文型になります。

[訳例] 宿題を手伝ってくれたから、昼食をおごりますよ。

(3) [These statistics] show us$_{(O1)}$ [that the population is aging in this country]$_{(O2)}$.

▶ statisticsは「統計」の意味なら複数扱いで、「統計学」の意味なら単数扱いです。show O_1 O_2「O_1にO_2を示す」のO_2にthat節が用いられています。

[訳例] この統計は、この国の人口が高齢化しつつある、ということを示している。

(4) [The man] <in gray suit> asked me$_{(O1)}$ [when the next train was leaving]$_{(O2)}$.

▶ ask O_1 O_2「O_1にO_2を尋ねる」のO_2が疑問詞whenの導く名詞節です。

[訳例] 灰色のスーツを着た男性が、私に次の列車はいつ出るのかと尋ねてきた。

2

(1) I tried to **give a helping hand to the old lady**, but she rejected it.

▶ give O_2 to O_1「O_1にO_2を与える」ですが、第4文型の場合と違って、O_1はO_2を受け取るとは限らないので、後半の内容と意味がつながります。

[訳例] 私はその老婦人に手助けをしようとしたが、断られてしまった。

(2) When I came home, my wife **told me that a Smith had visited** me.

▶ tell O_1 O_2「O_1にO_2を伝える」のO_2にthat節が用いられています。〈a ＋固有名詞〉で「～という人」という意味になります。妻が伝えたという過去よりも前の時点で訪問してきたわけですから、had visitedと過去完了にしてください。

[訳例] 私が帰宅すると、妻が私に、スミスさんとかいう人が私を訪ねてきた、と言った。

(3) I **asked one of my coworkers who was responsible** for the business deal.

▶ ask O_1 O_2「O_1にO_2を尋ねる」のO_2に疑問代名詞whoが導く名詞節が用いられています。be responsible for ～で「～の責任者だ」という意味です。

[訳例] 私は同僚の1人に、誰がその商取引の責任者なのかを尋ねた。

3

(1) I sent a letter to Mary, but I don't know whether she received it. (p. 153)

(2) We asked our English teacher what we should do in order to improve our English. (p. 158)

163

5 第5文型＋α　　　🔊 TR27

　第5文型（SVOC）の概要についてはp. 97「動詞の文型」で説明しました。そこでは導入としてSVOCでは「O ＝ C」という関係を意識しましょうと述べましたが、必ずしもイコール関係だけでくくることができるわけではありません。

　厳密に言うと、SVOC文型のOとCの間には意味上の主語・述語関係が隠れており（Oが意味上の主語、Cが意味上の述語、という関係）、それがSVC文型に相当するものの場合はイコール関係が成り立つのです。それ以外の主語・述語関係の場合、イコール関係というわけではなくなり、意味の違いによって補語の形が変わってきます。そこでここでは、第5文型のさまざまなパターンについて見ていきたいと思います。SVOCのポイントは、Cの形と動詞の意味にある程度の関連があることです。そこを意識するようにすると覚えやすいと思います。

1 SVOC：O ＝ Cになるパターン

　以下のタイプの動詞は、SVOCのOCの間に "S' 〈be/become〉 C'" という関係が含まれており、"O ＝ C" という関係が成り立ちます。このパターンをとる動詞は主に以下のものがあります。理屈だけ覚えるのではなく、その都度、辞書で用例を確認するようにしましょう。

(1)「OをCにする／Cのままにする」

　　・補語＝名詞（Vは、"命名する"ニュアンスを含むもの）
　　　appoint「OをCに任命する」／choose「OをCに選ぶ」／elect「OをCに（投票で）選ぶ」／name「OをCに名づける」

　　・補語＝形容詞
　　　drive, get, set「OをCにする」／ leave「OをCのままにする」

　　・補語＝名詞・形容詞両方
　　　call「OをCと呼ぶ」／ keep「OをCのままにする」／ make「OをCにする」

(2)「OがCだと考える」：V ＋ O (to be) Cという形をとり、V (that) S be Cとすることもできる

　　think, believe, consider「OがCだと考える」／find「OがCだとわかる」／know「OがCだと知っている」／assume「OがCだと思い込んでいる」／understand「OがCだと理解している」

　　※これらの構文でto beが入る場合は、「O ＝ C」という意味関係を明示する働きがあります。ただし、上記のリストのうち、know, assume, understandではto beを省略することはできません。

164

(3) 「OをCとみなす、考える」：“V + O as C”という形をとる

　regard, view, look on[upon], see 「みなす」／think of, consider 「考える」 など

　(2), (3) で注意していただきたいのは、thinkには自動詞と他動詞の用法があるため、think O (to be) Cとthink of O as Cという2通りの形をとるという点です。ofやasの有無を混同しないように注意してください。

At the student meeting last week, the students elected Samuel chair of the student council.

▶ elect OCは「(投票で) OをCに選ぶ」という意味です。chairは「議長」という意味で可算名詞なのですが、役職を表す表現がCになるときは無冠詞になります。

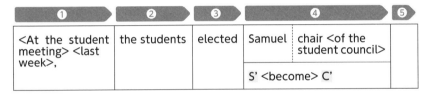

[訳例] 先週の生徒集会で、生徒たちはサミュエルを生徒会の会長に選んだ。

When my mother left home, she kept the door open so that our cat could move freely.

▶ keep OCで「OをCのままにする」という意味です。keepは基本が"保つ"という意味で、「O = Cという状態を保つ」ということから、意図的にOをCのままにすることを表します。その一方で、leave OCも「OをCのままにする」という意味ですが、leaveは"放っておく"という意味が基本なので、同じくleft the door openとすると、「ドアを開けっぱなしにした」(閉め忘れた) とニュアンスが変わります。この例文の文末にあるso thatは「…するために」という目的を表す副詞節です。

❶	❷	❸	❹		❺
[When my mother left home],	she	kept	the door	open	[so that our cat could move freely]
			S' \<be\> C'		

[訳例] 母は家を出たとき、猫が自由に移動できるように、ドアを開けっぱなしにした。

I found the book I bought yesterday difficult to read, because the letter was too small.

❶ 副詞	❷ 主語	❸ 述語動詞	❹ 補部	❺ 副詞

▶ SVOC文型がO = Cとなる場合、SVC文型のところで見たさまざまな形が隠れています。ここではthe book was difficult to read「その本は読みづらかった」というp. 131で扱ったtough構文が隠れています（the book I boughtは、p. 31でも扱ったように〈名詞＋SV〉という形になっていますから、bookの後にboughtに対する目的格の関係代名詞whichが省略されており、the bookを修飾する形容詞節を導いています）。ちなみにtough構文はit was difficult to read the bookと対応していましたから、もちろんニュアンスは異なりますが、I found it difficult to read the book. という形をとることもできます。

❶	❷	❸	❹		❺
	I	found	the book ↑[(which) I bought yesterday]	difficult └(to read),	[because the letter was too small]

[訳例] 私は昨日買った本が読みづらいと思った。文字が小さすぎたからだ。

The new evidence made it clear that the man was innocent.

❶ 副詞	❷ 主語	❸ 述語動詞	❹ 補部	❺ 副詞

▶ SVOCで「O = C」となる場合は、SVC文型が隠れているわけですから、SVC文型でit ... thatの構文をとるもの（p. 128）は、そのままSVOCのOの位置に仮目的語［形

式目的語］のit、文末に真目的語のthat節がきます。make OCは"O＝Cの状態を作る"→「OをCにする・させる」という意味になりますが、この例文のように主語が無生物の場合は「SによってOはCになる」という原因・結果の関係を意識した訳を作るとよいでしょう。

①	②	③	④		⑤
The new evidence	made	it 仮O	clear	[that the man was innocent]
		S'　　<become>　C'		真O	

［訳例］新しい証拠のおかげで、その男が無実だということが明らかになった。

We thought it to be impossible to carry out the plan without him.

❶ 副 詞	❷ 主 語	❸ 述語動詞	❹ 補 部	❺ 副 詞

▶ think O (to be) C「OがCだと考える」という文のOとCの部分に、it was impossible to〜という仮主語構文が埋め込まれています。例文のitは仮目的語で、to carry〜が真目的語として文末に置かれています。この構文は、think of O as CやのThink (that) S be Cでも表せるので、例文はWe thought of it as impossible to carry out the plan without him.やWe thought (that) it was impossible to carry out the plan without him.と表すこともできます。

①	②	③	④		⑤
	We	thought	it 仮O	to be impossible	(to carry out the plan without him)
			S'　　<be>　C'		真O

★知識事項 +α　S strike A as B

Ｖ O as C「OをCとみなす」では"O＝C"という関係があるのですが、strikeという動詞は文型そのものが異なります。例えば、The project strikes me as impractical.「そのプロジェクトは私には非現実的である印象を受ける」においては、"me ≠ impractical"ですね。S strike A as Bは「SはAにBという印象を与える」という意味で、"S＝B"という関係が含まれているのです。英和辞典などによってはSVOCと記しているものがあるのですが、これはSVOCの系統ではなく、SVOAと分類したほうがよいのではないかと思います。

文型と意味を結びつけることは有用なのですが、こういう例外的なものはその都度、きちん

167

と用例を確認して使い方を覚えるということをし、語彙力を増やしていきましょう。

2 SVOC：C ＝不定詞になるパターン

SVOC文型のCの部分に不定詞がくる場合、OとCの間に"S' V"という意味上の主語・述語の関係があります。文全体の動詞がどういう動詞なのかによって、Cには「原形不定詞」（Vの原形）がくる場合と、「to不定詞」（to V原形）がくる場合があります。まずはその区別を押さえましょう。

知覚動詞

知覚動詞＋ O ＋ V原形：「OがVするのを　知覚する　」

見　る：see, look at, watch

聞　く：hear, listen to

感じる：notice, observe, feel, perceive

「知覚動詞」は上記のような人の知覚を表す動詞です。

使役動詞と非使役動詞

	使役動詞 ＋ O ＋V原形	非使役動詞 ＋ O ＋ to V原形
「Oに（無理に）Vさせる」【強制】	make	force, compel
「OにVさせる・してもらう」【依頼】	have	get, persuade
「OにVさせてあげる」【許可】	let	allow, permit

「使役動詞」というと意味的に"〜させる"という意味のものだと考えがちですが、そうではなくて、上記の表のように、使役動詞と分類されるものはCに原形不定詞をとり、使役動詞ではないもの（便宜的に使役ではないということで「非使役動詞」と書きましたが、これは文法用語ではなく私が勝手に名づけた用語ですのでご容赦ください）はCにto不定詞をとる、とお考えください。わかりやすくまとめるために上記のような分類をしました（専門的にはgetは使役動詞という分類になるようですが、上記のようにmake, have, letとは使い方が異なるので、本書では上記のように「非使役動詞」の1つとして分類します）が、もちろん動詞ごとにニュアンスは異なるので、以下の例文でもあれこれ説明しますが、普段から辞書で確認するようにしましょう。

それ以外の動詞

上記以外の動詞＋ O ＋ to ＋V原形

不定詞のtoはあくまで「→」のような方向を表す矢印のイメージで、「OをVする方向に持っていく」というニュアンスがあります。そのため、ここでの「上記以外の動詞」というのは、上記の表で非使役動詞と分類したものも含めて、「OにVするよう仕向ける、OにVさせる」という意味を持つ動詞に限ります。例えば、want O to V「OにVしてほしいと思う」やask O to V「OにVしてくれと頼む」、encourage O to V「OにVするよう奨励する」、enable O to V「OがVすることを可能にする」などが代表例です。

help

helpにはいろいろな用法がありますが、help 人 (to) V原形「人がVするのを助ける、人がVするのに役立つ」という形をとります。このtoは省略可能で、CにV原形が用いられます（もともとアメリカ英語で好まれた用法でしたがイギリス英語でも浸透しつつあります）。

Last night, while eating dinner, I heard my husband complain about his boss.

❶ 副詞	❷ 主語	❸ 述語動詞	❹ 補部	❺ 副詞

▶ hear O V原形で「OがVするのを聞く」という意味で、この文ではOとCの間に"my husband complained about his boss"という意味上の主語・述語関係が隠れています。ちなみにwhile eatingは、eatingという分詞構文（p. 55）の意味を明示するために接続詞を書いた形になります。

❶	❷	❸	❹		❺
\<Last night\>, (while eating dinner),	I	heard	my husband	(complain \<about his boss\>).	
			S'	V'	

［訳例］昨夜、夕食を食べながら、私は夫が上司の不満を言うのを聞いた。

Mary made her son study after dinner, though he wanted to play video games.

❶副詞	❷主語	❸述語動詞	❹補部	❺副詞

▶ make O V原形は「Oに（無理に）Vさせる」という【強制】の意味を表します。他の使役動詞と区別するポイントは、"OはVしたくないと思っている"というニュアンスが含まれており、それをさせるという意味だということを意識しましょう。though は「…だが」という【譲歩】を表す副詞節を導きます。この文は非使役動詞を用いて書くと、Mary forced[compelled] her son to study …となります。

❶	❷	❸	❹		❺
	Mary	made	her son	study \<after dinner\>,	[though he wanted to play video games]
			S'	V'	

[訳例] 息子はテレビゲームをしたがっていたのに、メアリーは夕食後に勉強させた。

The picture on the cover made me want to read the book.

❶副詞	❷主語	❸述語動詞	❹補部	❺副詞

▶ 使役動詞の主語が無生物の主語の場合、【強制】の意味がなくなり、S make O V原形「SによってOはVする」という意味になります。このときS【原因】→OC (S'V')【結果】という関係が含まれます。

❶	❷	❸	❹			❺
	The picture on the cover 【原因】	made	me	(want to read the book)		
			S'	V'	O'【結果】	

[訳例] 表紙の絵を見て、私はその本を読みたいと思った。

I'll have my secretary send the contract to you.

❶副詞	❷主語	❸述語動詞	❹補部	❺副詞

▶ have OV原形は「OにVさせる・してもらう」という意味で【依頼】を表します（「させる」「してもらう」という表現の違いは目上の人に依頼するのか目下の人に依頼するのかといった日本語の問題であって、あくまで依頼だと意識しましょう）。他の使役動詞と区別するポイントは"OはVする職務上の義務がある"というニュアンスがあるかどうかで、それをさせるという意味だということを意識しましょう。似たような意味の非使役動詞として上述の表ではgetとpersuadeを掲載しましたが、get O to Vは「（努力・説得をして）OにVしてもらう」、persuade O to Vは「Oを説得してVしてもらう」という意味で少しニュアンスが異なります。

❶	❷	❸	❹			❺
	I	will have	my secretary	(send the contract to you)	
			S'	V'	O'	

[訳例] 秘書に契約書をあなたのところに送らせます。

My parents didn't let me study abroad when I was a college student because they didn't have enough money.

❶副詞	❷主語	❸述語動詞	❹補部	❺副詞

▶ let OV原形は「OにVさせてあげる・くれる」という【許可】を表します。他の使役動詞との区別は、"OはVしたいと思っている"というニュアンスがあり、それをさせるという意味だと考えるとよいでしょう。非使役動詞で用いると、My parents didn't allow me to study abroad ...となります。permitは規則などで「公的に許可する」という意味で用いるので、今回のような場合には使いません。ちなみに、abroadはここでは「海外で」という意味の副詞です（同意表現のoverseasも同じく副詞です）。前置詞句で言い換えるとstudy in foreign countriesに相当します。「海外へ行く」はgo abroadでgo to foreign countriesに相当します。余分な前置詞をつけないように気をつけましょう（*study in abroadや*go to abroadなどの間違いが非常に多いです）。

❶	❷	❸	❹	❺
	My parents	didn't let	me	[because they didn't have enough money]
			(study abroad [when I was a college student])	
			S'　　　V'	

[訳例] 両親には十分なお金がなかったので、私が学生のときに私に留学をさせてくれなかった。

When trying to answer the phone, John let his notebook fall to the ground.

❶副詞	❷主語	❸述語動詞	❹補部	❺副詞

▶ let OV原形は、上記の【許可】の意味の他に「OにVさせておく、Oを（うっかり）Vさせる」という【放置・放任】の意味があります。ちなみにletはlet-let-letと原形・過去形・過去分詞が同じ形の動詞（set, put, costなども同じです）で、この文では主語がJohnという三人称単数なのにletsとなっていないことから過去形だと判断できます（意外と多くの人が見落とすので気をつけましょう）。文頭のWhen tryingは分詞構文の意味を明示するために接続詞を置いた形です。

❶	❷	❸	❹	❺
(When trying to answer the phone),	John	let	his notebook	
			(fall <to the ground>)	
			S'　　　V'	

[訳例] 電話に出ようとして、ジョンはノートを地面に落としてしまった。

Modern technology has enabled us to communicate instantly wherever we are.

❶副詞	❷主語	❸述語動詞	❹補部	❺副詞

▶ S enable O to Vは「SはOがVすることを可能にする」という意味で、OとtoVの間に"S' can V'"という関係が含まれています。無生物が主語の場合は、主語を原因として

「Sによって [Sのおかげで] OはVできる」と解釈するとよいでしょう。whereverはここでは「たとえどこに…しても」という意味の副詞節でcommunicateを修飾しています。

①	②	③	④	⑤
	Modern technology	has enabled	us ¦ (to communicate instantly [wherever we are])	
			S'　can　　V'	

[訳例] 現代のテクノロジーのおかげで、私たちはたとえどこにいても即座に連絡をとることができるようになった。

★知識事項 +α　tell / promise O to V

　tellとpromiseはいずれも後ろにO to Vという形をとりますが、これは何文型でしょうか？　tellとpromiseはいずれも辞書的には第4文型をとる動詞ですが、この形をとる場合は注意が必要です。

　tellは、例えばThe doctor told Mary to take a complete rest.「医者はメアリーに安静にするように言った」という文の場合、O to Vの間に"Mary takes a complete rest"という意味上の主語・述語関係があり、第5文型のように見えます。

　それに対してpromiseの場合、John promised his mother to finish his homework by dinner.「ジョンは母親に夕食までに宿題を終わらせると約束した」となり、"John finishes his homework by dinner "と言う意味関係が隠れています。このため、to finishの意味上の主語は、文全体の主語であるJohnとなります。

　このtellとpromiseを同じ文型と分類してしまうのはいささか乱暴な気がしますよね。実際、今の辞書だといずれも"tell O to do"、"promise O to do"という形で分類しており、はっきりとした文型表示をしていません。結局、私たちの目的は文型を細かく分類することではなく、文型を手段として英文を理解することですから、このような意味の違いをその都度、しっかりと確認していくことが重要なのだと思います。

3 SVOC：C ＝分詞になるパターン

　Cの位置に分詞がくる場合は、O + Vingであれば「OがVしている」という【進行】の意味が含まれており、OCの間に〈S' is V'ing〉という進行形の意味が隠れています。それに対し、O + Vp.p.であれば「OがVされる」という【受動】の意味が含まれており、OCの間に〈S' is V'p.p.〉という受動態 (p. 175) の意味が隠れています。もし「〜されている最中」という進行形の受動態の意味を含めるのであれば、Cをbeing Vp.p.とします。

　以下で代表的な動詞と意味の違いなどを説明しますが、その都度、辞書でCにどういう表現がくるのかということを確認するようにしましょう。

173

When I stopped at the corner to check the map, I saw a girl in a blue dress crossing the street.

▶ see O Vingは「OがVしているのが見える」という意味です。それに対してCに原形不定詞を用いてI saw a girl cross the street.とすると、OCは"完結した内容"、つまり女の子が通りを渡るのが最初から最後まで見える、という意味になります（Vingの場合は、視界に映ったのが"渡っている最中だった"ということで、渡り始めや渡り終わりを見ているわけではありません）。

❶	❷	❸	❹		❺
[When I stopped at the corner (to check the map)],	I	saw	a girl <in a blue dress>	(crossing the street)	
			S'	be V'ing O'	

[訳例] 地図を確認するために通りで立ち止まると、青い服を着た女の子が通りを渡っているのが見えた。

In order to fill the bathtub with water, Josh had the water running in the bathtub.

▶ have O Vingとすると「OがVしている状態を持つ」というニュアンスから「OにVさせておく」という経験などを表します。We have a taxi waiting for you in front of the house.「家の前でタクシーを待たせています」も、"タクシーが待っている状態を持っている"ということから「タクシーを待たせている」という依頼になりますが、原形不定詞を用いた場合と比べると使役の意味が間接的となり、使役の意味が弱まります。In order to Vは「Vするために」という目的を表す副詞用法の不定詞です。

①	②	③	④	⑤
(In order to fill the bathtub with water),	Josh	had	the water　(running \<in the bathtub\>) S'　　　　be　V'ing	

［訳例］浴槽に水を張るために、ジョッシュは浴槽に水を出したままにしていた。

Soon after I receive your answer to my request, I will have the contract sent to you.

▶ have O + Vp.p.は「OがVされる状態を持っている」というニュアンスから、(1)「Oを〜してもらう」【依頼】、(2)「Oを〜されてしまう」【被害】、(3)「Oを〜してしまう」【完了】の意味になります。どの意味になるのかはその都度、前後関係から確認しましょう。p. 171の原形不定詞を用いた場合（I will have my secretary send the contract to you.）との違いですが、その場合はsend the contract to you「あなたに契約書を送る」という行為をした主体であるmy secretaryをOの位置に置き、OCの間に"my secretary sends the contract"という関係を示します。それに対して、この文では「誰が契約書を送るのか」という主体が明示されていません。このような場合は、「契約書が送られる」という受動の意味関係にして、have O + Vp.p.という形にします。ただ、この判断は受動態に関する知識がないことには理解しづらいと思いますので、p. 198の受動態の説明を読んだ上で、再度こちらの例文を確認してください。文頭のafter SVは「SVした後で」という意味の副詞節で、soon「すぐに」はそのafterを修飾して「…したすぐ後に」という時間差を表します。

①	②	③	④	⑤
Soon [after I receive your answer to my request],	I	will have	the contract　(sent \<to you\>) S'　　　　be　V'p.p.	

［訳例］私の要望に対するあなたの回答を受け取ったすぐ後に、契約書をあなたの元に送らせます。

★ 知識事項 +α　make oneself understood／make oneself heard

make oneself understoodは「（外国語で）自分の意志が相手に通じる」という意味ですが、どうしてそのような意味になるのでしょうか？　understandは「理解する」という意味ですが、人を目的語にとると「人の話を理解する」という意味になります。make oneself understoodとすると、それが受動態になった形がOCに埋め込まれる形になるので「自分自身の話が理解してもらえる状態を作る」という意味から、「(外国語で) 自分の話を理解してもらう、話が通じる」という意味になります。

make oneself heardも同様で、hearは「聞こえる」という意味ですが、目的語に人をとると「人の話を聞く」という意味になります。ですから、make oneself heardはそれが受動態になってOCに埋め込まれた形で「自分自身の話が聞こえるという状態を作る」ということから、「(大声を張り上げて) 自分の声を聞いてもらう、自分の意見を聞いてもらう」といった意味になります。

結果構文

VOCという構造において、動詞の行為をした結果、OがCの状態になることを表す形のことを「結果構文」と言います。結果構文は従来の5文型に含められることが基本的にはないのですが、その理由は、本来SVOC文型をとらない他動詞や、目的語をとらない自動詞がこの形をとるからです。

一般化すると、本来「SVO」もしくは「SV」だけで成り立つ文に、〈S' become C'〉という意味上の文を合体させた結果、SVOCで「SVした結果OはCになる」という意味を表すのが結果構文です。普通のSVOCで言い換えると、S make O C by Vingに相当します。本来であれば、原因と結果で2つの節や文に分けなければいけない内容を1文で効率的に表すことができるため、広告などでよく用いられる形です。

After eating dinner, Matilda wiped the table clean.

❶ 副 詞	❷ 主 語	❸ 述語動詞	❹ 補 部	❺ 副 詞

▶ wipeは「〜を拭く、ぬぐいとる」という意味の動詞ですが、Matilda wiped the table という文の後ろに"the table became clean"という文を合体したのがこの文で、Matilda made the table clean by wiping it.に相当します。単なる第5文型と異なり、wipe the tableだけでも文として成立しますが、*make the tableだけでは (テーブルを拭いてきれいにするという文脈においては) 意味を成さなくなってしまいます。

❶	❷	❸	❹	❺
<After (eating dinner)>,	Matilda	wiped	the table : clean	
			S'　become C'	

[訳例] 夕食を食べた後、マチルダはテーブルを拭いてきれいにした。

In the game against the Red Sox last Sunday, George cheered himself hoarse.

❶ 副詞	❷ 主語	❸ 述語動詞	❹ 補部	❺ 副詞

▶ cheerは「応援する」という自動詞ですが、応援した結果「彼自身の声が枯れる」という結果構文をとることができます。本来自動詞の動詞が結果構文をとる場合の特徴の1つとして、主語自身（oneself）や主語の体の一部（She ran her feet sore.「彼女は走った結果足が痛くなった」など）をOの位置に置けるということがあります。この文はGeorge cheered ＋ "he became hoarse" を合体した文だと考えてみましょう。

❶	❷	❸	❹	❺
<In the game> <against the Red Sox> <last Sunday>,	George	cheered	himself / hoarse S' become C'	

[訳例] 先週の日曜日のレッドソックスとの試合で、ジョージは応援して声を枯らしてしまった。

Joe shaved his razor dull.

❶ 副詞	❷ 主語	❸ 述語動詞	❹ 補部	❺ 副詞

▶ shaveは「ひげを剃る」という自動詞ですが、ひげを剃った結果「剃刀の切れ味が悪くなる」という結果構文になります。自動詞が結果構文をとるもう1つの特徴は、今回のような手段や場所を表す名詞（They drank the pub dry.「彼らは酒を飲んだ結果、そのパブの酒がなくなってしまった」など）をOの位置に置けるということです。この文はJoe shaved ＋ "his razor became dull" を合体した文だと考えてみましょう。

❶	❷	❸	❹	❺
	Joe	shaved	his razor / dull S' become C'	

[訳例] ジョーがひげを剃った結果、剃刀の切れ味が悪くなった。

2-3-5 第5文型＋α 演習　　🔊 TR28

✎ 問題

1 以下の各文について、主節の主語を○で囲み、述語動詞に＿＿を引き、補部があれば＿＿を引いてその役割（A, O, Cなど）を考えた上で、和訳をしてください。（必要に応じて節は［ ］、句は（ ）、修飾は〈 〉でくくりましょう）

(1) My teacher's advice has encouraged me to study psychology at college.

(2) Unfortunately, I overheard Tim speaking ill of me in the hall.

(3) Yesterday Steve had his bicycle he parked on the street stolen.

(4) The evidence made it clear that the man was in the accident scene.

2 以下の各文について、括弧内の語（句）を並べ替えて、正しい英文にしてください。

(1) The advent of the Internet (communicate / enabled / has / instantly / to / us) anytime, anywhere.

(2) I won't (a / behaving / have / in / selfish / such /way / you).

(3) Greg apologized to me, but I (forgive / found / hard / it / to) him.

3 以下の日本語を英訳してください。

(1) 母が家を出た時、猫が自由に動けるように、ドアを開けっぱなしにした。

(2) 電話に出ようとして、ジョンはノートを地面に落としてしまった。

💡 解答 & ワンポイント解説

1

(1) ［My teacher's advice］ has encouraged me(O) (to study psychology at college)(C).

> ▶ S encourage O to Vで「SはOにVするよう奨励する」の意味です。主語が無生物のときは「SによってOはVする気になる」と因果関係を意識して訳すとよいでしょう。

　[訳例] 先生の助言を聞いて、私は大学で心理学の勉強をする気になった。

(2) 〈Unfortunately〉, ［I］ overheard Tim(O) (speaking ill of me in the hall)(C).

> ▶ overhear O Vingは「OがVしているところを立ち聞きする」の意味、speak ill of〜は「〜の悪口を言う」の意味です。

178

［訳例］ 残念ながら、私はティムが廊下で私の悪口を言っているのを立ち聞きして
しまった。

(3) \<Yesterday\> [Steve] had his bicycle(O) [he parked on the street] stolen(C).

▶ bicycleの後には、parkedに対する目的格の関係代名詞が省略されています。have O Vp.p.でここでは「OをVされてしまう」という被害を表しています。

［訳例］ 昨日、スティーヴは、路上にとめていた自転車を盗まれてしまった。

(4) [The evidence] made it(仮O) clear(C) [that the man was in the accident scene](真O).

▶ make OC「OをCにする」の主語が無生物のときは、S make OCを「Sによって Oは Cになる」と因果関係を意識して訳すとよいでしょう。

［訳例］ 証拠から、その男が事故現場にいたということが明らかになった。

2

(1) The advent of the Internet **has enabled us to communicate instantly** ....

▶ S enable O to Vは「SはOがVすることを可能にする」、「SによってOはVできる」。

［訳例］ インターネットの到来によって私たちはいつでもどこでも即座に連絡を取り合えるようになった。

(2) I won't **have you behaving in such a selfish way**.

▶ have O Vingで、"OがVしている状態を持っている"ということから「OにVさせておく」の意味があり、否定文にすると「OにVさせておくわけにはいかない」と"我慢できない"という方向性の意味になります。

［訳例］ 君にそんな自分勝手なふるまいをさせておくわけにはいかない。

(3) Greg apologized to me, but I **found it hard to forgive** him.

▶ find OCで「OがCだと思う、感じる」の意味で、このOの位置に仮目的語のitがきており、文末のto Vが真目的語になっています。

［訳例］ グレッグは私に謝ってきたが、私は彼を許す気になれなかった。

3

(1) When my mother left home, she kept the door open so that our cat could move freely. (p. 165)

(2) When trying to answer the phone, John let his notebook fall to the ground. (p. 172)

4 文末の副詞

🔊 **TR29**

〈全体像におけるこの項目の「位置」〉

❶〈副詞〉 導入 ▸ **❷ 主語** Subject ▸ **❸ 述語動詞** Verb ▸ **❹ 補部** [1] 目的語 Object / [2] 補語 Complement / [3] 付加部 Adjunct ▸ **❺〈副詞〉** 補足説明

全体像の最後にあたる⑤の位置には、副詞（句・節）がくることがあります。用いられる表現の多くは、p. 52「文頭の副詞」で扱ったものと共通するので、表現としての体系的なまとめはそちらをご参照ください。ただし、①の文頭の副詞とは、文脈的に大きく異なる点があります。①の文頭の副詞は文の導入部分であり、すでに文脈上述べられてきた旧情報や、筆者・話者がテーマとして扱いたいことなどが現れるのですが、逆に⑤の位置には、①〜④までさんざんあれこれ述べた上でまだ言い足りない補足説明、つまり「新情報」が現れます。新情報というのは読者・聞き手にとっては目新しい初出の内容にあたり、場合によっては説明が足りないことがあります。その場合、次の文以降でその部分を詳しく説明するというかたちで文章や会話が展開します。

文脈的なことは実際の文章などでその都度、確認していく必要があり、本書でも最後の総合演習で実際の文章に取り組んでみたいと思います。ここでは、文末の副詞の部分に現れやすい表現や、表現としては①の文頭の副詞と同じものが用いられていても、意味合いが異なるものについて、確認していきたいと思います。

1 副詞的目的格

「副詞的目的格」（専門的には「副詞的対格」と呼ばれることもあります）は、昔の英語のなごりで、名詞の目的格が副詞のように用いられたことに由来します。時間・距離・数量・程度・方法などを表す表現が多いです。

1 動詞を修飾

時を表す名詞（week, month, year, summer, morningなど）にthis / that / last / next / every / eachがつくと副詞的目的格になり、前置詞はつかなくなります。それ以外の場合は、典型的な自動詞（目的語をとらない動詞）の後に名詞が置かれていたら副詞的目的格の可能性を疑ってみましょう。

We are going to talk a bit about the plan next week.

❶ 副 詞	❷ 主 語	❸ 述語動詞	❹ 補 部	❺ 副 詞

180

▶ talkは「話をする」という意味の自動詞で、a bitは「少々」という意味の副詞的目的格です。weekは、普通はin the weekのように副詞句として用いる場合に前置詞が必要ですが、next weekとすると副詞的目的格になるので前置詞は不要になります。

①	②	③	④	⑤
	We	are going to talk	\<a bit\> \<about the plan\>	\<next week\>

[訳例] 私たちは来週その計画について少々話をする予定です。

I stayed in the hotel three weeks last summer.

▶ stay in~「~に泊まる」という意味ですから、このin the hotelは付加部と考えるとよいでしょう。「3週間」はfor three weeksとしてもよいですし、副詞的目的格にすることもできます（ですから、一部の副詞的目的格は、前置詞が脱落してできたという考え方もできます）。summerは、普通は副詞句で用いる場合はin the summerとしますが、ここはlastがついているので副詞的目的格になっています。

①	②	③	④	⑤
	I	stayed	\<in the hotel\>	\<(for) three weeks\> \<last summer\>

[訳例] 私は昨年の夏に3週間そのホテルに泊まった。

2 形容詞・副詞を修飾

　主に数値や程度を表す副詞的目的格が、直後の形容詞や副詞を修飾すると、「差」を表します。

The lake lies just a few miles ahead on this road.

▶ aheadは「前方に」という意味の副詞ですが、どのくらい前にあるのか、という差を示すために直前にjust a few milesという副詞的目的格が置かれています。これをlieの目的語と誤読をする人が多いので、数量を表す名詞があった場合、その後ろにある表現ま

でしっかりと目を通すようにしましょう。

[訳例] その湖は、この道路のほんの数マイル前方にある。

Tina is three years younger than her husband.

▶ 本書では文法項目として「比較」は扱いませんでしたが、簡単に紹介だけさせてください。Tina is youngという文のCにあたるyoungに-erをつけると比較級となり、younger than her husbandで「夫より若い」という意味になります（比較の対象はthan ...で示します。厳密に言うとthanは接続詞で、than her husband is youngに相当する文のis youngが省略されているのですが、細かいことはまた別の機会にお話しできたらと思います）。youngerだけだと「より若い」という意味にしかならず、どのくらい若いのかという差を示したい場合には、直前に副詞的目的格を置きます。なおこの文は、Tina is younger than her husband by three yearsとすることもできます（この場合、前置詞のbyが必要になるので注意しましょう）。

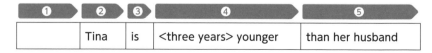

[訳例] ティナは夫より3歳若い。

2 分詞構文

　分詞構文自体はp. 55で扱いましたが、VingやVp.p.が副詞句になる用法です。例えば、Jogging in the park, I came across an old friend of mine.「公園でジョギングをしていると私は旧友にばったり出くわした」のように分詞構文の意味上の主語は文全体の主語と同じものになるのが普通です（joggingの意味上の主語は文全体の主語のI）。ところが分詞構文が文末にある場合、意味上の主語が文全体もしくはその一部の内容を指すことがあります。

After the magazine featured the town, more and more tourists are coming to the town, leading to lack of hotels.

❶ 副詞	❷ 主語	❸ 述語動詞	❹ 補部	❺ 副詞

▶ A lead to B「AはBを引き起こす」の意味で、Aが原因、Bが結果の因果関係を示します。ここは直前の「観光客の増加」が原因で結果的に「ホテル不足」につながっている、という関係がありますので、leadingの意味上の主語は直前の内容と考えるべきです。このようにcausing／leading to「～を引き起こす」、resulting in「結果的に～になる」のように結果を示すものや、showing／indicating「～を示す」のような分詞構文にこの用法が見られることが多いので、意味上の主語が文全体の主語なのか、文全体なのか、その都度考えるようにしましょう。

❶	❷	❸	❹	❺
[After the magazine featured the town],	more and more tourists	are coming	<to the town>,	(leading to lack of hotels)

［訳例］ その雑誌がその町を特集した後、ますます多くの観光客がその町に来るようになり、ホテル不足が起こっている。

★ 知識事項 +α　非制限［継続］用法の関係代名詞which

　本書では詳しく扱いませんが、p. 29で扱った関係代名詞には非制限［継続］用法というのがあって、これを使うときには関係代名詞の直前にカンマを振ります。そのうち ..., which は、先行詞として直前の名詞を指すだけではなく、直前の節の内容を指す用法があります。

Hiroshi said he went abroad to study English when he was a college student, which turned out to be a lie.

［訳例］ ヒロシは大学生の時に英語を勉強するために留学をしたと言ったが、それは嘘だと判明した。

この文のwhichは直前の名詞ではなく「学生時代に留学をした」という内容を指しています。そういう意味で上記の分詞構文の用法に似ているので、ここで合わせて紹介しました。

3 副詞節

　ほとんどの副詞節は文頭にも文末にも置くことができますが、文頭に置いた場合と違って、文末に置くと主節に対する補足説明や新情報の導入という要素が強くなります。

I am the best soccer player in the team, though I say it myself.

❶ 副詞	❷ 主語	❸ 述語動詞	❹ 補部	❺ 副詞

▶ thoughは副詞節を導く接続詞です。文頭にあるときはThough SV, ...「SVだが…」という【譲歩・逆接】を表しますが、文末にある場合は..., though SV.「…。もっともSVではあるが」のように、主節に対する補足説明を示します。

❶	❷	❸	❹	❺
	I	am	the best soccer player <in the team>,	[though I say it myself]

[訳例] 私はチームで最もサッカーがうまい。もっとも自分でそう言っているだけではあるが。

📌 知識事項 (+α) 　理由を表す接続詞

「…なので」という理由を表す副詞節を導く接続詞には as, since, because がありますが、それぞれ意味が異なります。

as や since は主節の文を述べるにあたって前提となるような理由、つまり旧情報になるような理由を述べる際に用いるので、文頭の①の位置に現れる傾向が強いです。それに対し、because は主節に対して理由を説明することそのものに重点があり、新情報となる理由を導入する際に用いるので、文末に置かれることが多いです（ぜひとも辞書でそれぞれ用例を調べてみてください）。

また、この他にも because でしかできない表現があります。It was because I forget my wallet that I didn't buy anything today.「今日も何も買い物をしなかったのは財布を忘れたからだ」という、p. 218で扱う強調構文（分裂文）や、He passed the exam, only because he studied hard.「彼が試験に合格したのはまさに一生懸命勉強したからだ」のように only や just といった副詞を用いて強調する文です（as や since はわかりきっている理由なので強調する必要がありません）。

2-4 文末の副詞 演習　　　　　　　　　　　🔊 TR30

✏ 問 題

1 以下の各文について、主節の主語を○で囲み、述語動詞に＿＿を引き、文末の副詞があれば＿＿を引いた上で、和訳をしてください。（必要に応じて節は ［　］、句は（　）、修飾は〈　〉でくくりましょう）

(1) Unfortunately, the train left the station three minutes before I arrived.

(2) I'm going to travel overseas two weeks this winter.

(3) The researchers found many subjects didn't follow the instruction, indicating that the experiment was not reliable.

(4) The world has become a global village, though people living there are not in good terms with each other.

2 以下の各文について、括弧内の語（句）を並べ替えて、正しい英文にしてください。

(1) Bob bought a house (away / from / kilometers / several / station / the).

(2) The suspect was arrested (after / hours / incident / just / occurred / two / the).

3 以下の日本語を英訳してください。

(1) 私は昨年の夏に3週間そのホテルに泊まった。

(2) その湖は、この道路のほんの数マイル前方にある。

💡 解 答 & ワンポイント解説

1

(1) <Unfortunately>, ⌈the train⌉ left the station three minutes [before I arrived].

▶ before SVで「SVする前に」という時を表す副詞節ですが、その直前にthree minutes を置くと副詞的目的格として働いて「3分前に」という時間差を表します。

［訳例］残念ながら、列車は、私が到着する3分前に駅を出てしまった。

(2) ⌈I⌉'m going to travel overseas two weeks this winter.

▶ winter「冬」は、普通はin the winterと前置詞が必要ですが、thisがつくと副詞的目的格となります。two weeks「2週間」という表現も、副詞的目的格として処理してもよいですし、「〜の間」という意味の前置詞forが脱落したと考えてもよいです。

185

［訳例］ 私はこの冬に2週間海外旅行をする予定です。

(3) [The researchers] found [(that) many subjects didn't follow the instruction], (indicating [that the experiment was not reliable]).

> ▶ 文末のindicating that ... は「…ということを示す」という意味の分詞構文ですが、直前の「多くの被験者が指示に従わなかったと研究者が発見した」という主節の内容全体を指しています。

［訳例］ その研究者たちは多くの被験者が指示に従わなかったということを発見したが、それはその実験が信頼できないということを示している。

(4) [The worlds] has become a global village, [though people (living there) are not in good terms with each other].

> ▶ thoughは「…だが」という譲歩・逆接を表す副詞節を導く接続詞ですが、文末の副詞の位置に用いられると「ただし［もっとも］…というわけではないが」と主節に対する補足説明になります。be in〜 terms with Aで「Aと〜な関係にある」という意味の表現です。

［訳例］ 世界は地球村になった。もっともそこに住む人々はお互いに仲が良いというわけではないが。

2

(1) Bob bought a house **several kilometers away from the station**.

> ▶ away from ... で「〜から離れたところに」という意味の前置詞句ですが、その直前にseveral kilometersを置くと副詞的目的格として働き、どれぐらい離れていたのかという差を表します。

［訳例］ ボブは駅から数km離れたところに家を購入した。

(2) The suspect was arrested **just two hours after the incident occurred**.

> ▶ after SVで「SVした後で」という副詞節ですが、その直前にjust two hours「ほんの2時間」という時間を置くと副詞的目的格となり時間差を表します。

［訳例］ 事件が起こったほんの2時間後に容疑者が逮捕された。

3

(1) I stayed in the hotel three weeks last summer. (p. 181)

(2) The lake lies just a few miles ahead on this road. (p. 181)

第3部

さまざまな
文のパターンに
対応する

1 文の種類

〈全体像におけるこの項目の「位置」〉

　第1部・第2部で扱ってきた英文の全体像は「平叙文」と呼ばれる、ものごとをありのままに述べる文について扱ってきました（平叙文には肯定文と否定文があります）。ここでは例文を変形する練習をしながら、他にどういう種類の文があるのかということを見ていきましょう。

　ここまでは文の全体像をつかみやすくするために、①−⑤という形で全体像を極力簡略化した形で記してきましたが、この項目では少し細分化した全体像の発展型を提示したいと思います。

　カッコの中に入れた⓪（疑問詞のwhat, who, where, howなど）と③'（助動詞のdo, did, does, will, canなど）は平叙文では現れない部分です。疑問文などで必要な部分だとご理解ください。詳しい使い方はこの後で確認していきますが、例えば、Why did you do such a thing yesterday?「なぜ昨日そのようなことをしたのですか」という文であれば、

(⓪疑問詞)	❶ 副詞	(③'助動詞)	❷ 主語	❸ 述語動詞	❹ 補部	❺ 副詞
Why		did	you	do	such a thing	yesterday?

となります。

　それではここから実際の英文をさまざまな文に書き換える練習をしながら文の種類について概観していきましょう。

1 さまざまな疑問文

　まずは以下の文を、(1)〜(4)の指示に合わせて、別の文に書き換える練習をしてみましょう（いったん自力でやってみましょう。もし意味がわからない場合は、解説を先に読んでいただいてかまいません）。

　　John bought a new dictionary yesterday.

　　[訳例] ジョンは昨日新しい辞書を買った。

(1) この文を一般疑問文［Yes-No 疑問文］に変える

▶ 一般疑問文とは一般動詞やbe動詞の疑問文のことで、真偽を尋ねる文です。原則としてYesかNoないしはその相当表現（Yes相当表現はCertainly, Sure, Of courseなど、No相当表現はCertainly not, Of course not, Not at allなど）で答えるので、Yes-No疑問文と呼ばれることもあります。単にDo you have a pen?のように〈助動詞＋S＋V〉とするか、Are you a student?のように"be動詞＋S"と、③'の位置に助動詞かbe動詞を置いて、文末に「?」(疑問符［クエスチョンマーク］) を置くだけです。一般動詞の現在形の場合は〈Do[Does] S V原形〉、過去形の場合はDid S V原形として、**Did John buy a new dictionary yesterday?** とします。この疑問文に答える際は、肯定の答えであればYes, he did.「はい、買いました」とし、否定の答えであれば、No, he didn't.「いいえ、買わなかったです」とします。

(0)	1	(3')	2	3	4	5
		Did	John	buy	a new dictionary	yesterday?

［訳例］ジョンは昨日新しい辞書を買ったのですか？

★知識事項 +α　YesとNoについて

英語を学習する際に、どうしても英語と日本語を一語ずつ対応させて訳語を当てはめたくなるという気持ちはよくわかります。ところが、Yesに「はい」、Noに「いいえ」という訳語があるわけではありません。

厳密にはYesは肯定文の答えがくるというサイン、Noは否定文の答えがくるというサインに過ぎないのです。例えば、Don't you have a dog?「犬を飼っていないのですか？」という否定の疑問文に対して、肯定文で答えるのであれば、Yes, I do.とするわけですが、「飼っていない？」という疑問文に対して「飼っている」と反する答えを言うので、あえて訳すならば「いいえ、飼っています」とします。また、否定文で答えるのであれば、No, I don't.とするわけですが、同じく、「飼っていない」という疑問文に対して「飼っていない」と一致する答えを言うことになるので、「はい、飼っていないです」となります。ただ、ここで「Yesを『いいえ』と訳すことがある」などという誤解をしてしまうと、*Yes, I don't.などといった誤った文を作ってしまう元となります。ですから、Yesは肯定文、Noは否定文の答えのサインだ、と割り切りましょう。

(2) Johnを尋ねる疑問文に変えて

▶ 名詞を尋ねる場合は疑問代名詞（who「誰」、which「どれ」、what「何」）を用います。ここでは②の主語の位置にあるJohnという人を尋ねるので疑問代名詞のwhoにし、疑問詞を⓪の位置に移動させて（元々あった位置を■として移動した痕跡を下に記しておきます）、文末に？をつけ、**Who bought a new dictionary yesterday?** とします。この疑問詞を用いた疑問文のことを、wh-疑問文と言います。これは一般疑問文とは異なってYesやNoでは答えず、それぞれの疑問詞に対応した、いわゆる5W1Hで答えます。ここではJohn (did).と答えればよいです。

［訳例］誰が昨日新しい辞書を買ったのですか？

(3) a new dictionaryを尋ねる疑問文に変えて

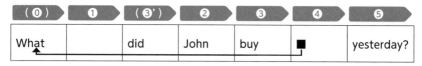

▶ 今度は③の目的語の位置にあるa new dictionaryというものを尋ねるので、疑問代名詞のwhatを使います。注意点は、主語以外の要素を疑問代名詞とする場合、whatを⓪の位置に置いた上で"助動詞＋S＋V"という語順にし、**What did John buy yesterday?** としなければいけない点です。主語の場合は②が⓪へ移動するだけなので、関わりのない動詞はそのままの語順ですが、今回は④が⓪の位置に移動したため、③の動詞がその影響を受けて疑問文の語順になっていると考えてください（下の全体像の矢印と照らし合わせてご覧ください）。この疑問文に答える場合は、(He bought) a new dictionary.とすればよいです。

(⓪)	❶	(❸')	❷	❸	❹	❺
What		did	John	buy	■	yesterday?

［訳例］ジョンは昨日何を買ったのですか？

(4) yesterdayを尋ねる疑問文に変えて

> yesterday「昨日」は副詞です。副詞を尋ねる場合は疑問副詞（when「いつ」、where「どこで」、why「なぜ」、how「どのように、どれほど」）を用います。後の手順は（3）と同じで、**When did John buy a new dictionary?** とします。答える際は、(He did) yesterday.とすればよいです。

(0)	①	(3')	②	③	④	⑤
When		did	John	buy	a new dictionary?	■

［訳例］ジョンはいつ新しい辞書を買ったのですか？

◆知識事項 +α　付加疑問文

付加疑問文は、相手に対して、確認を求めたり、念押しをしたりする場合に用いる疑問文で、平叙文の文末に"助動詞＋S?"をつけます。このとき注意点が2つあります。

まずは、肯定文には否定の付加疑問文（John bought a new dictionary yesterday, didn't he?）を、否定文には肯定の付加疑問文（John didn't buy a new dictionary yesterday, did he?）を用いるということです。

もうひとつは、実際の発話場面で相手に確認を求めるときは文末のイントネーションが上昇調（↗）になるのに対し、念押しをするときは下降調（↘）になることです。

2 命令文・感嘆文

それでは同じ要領で、次の文を（1），（2）の指示にしたがって書き換えてみましょう。

You walk fast.

［訳例］あなたは歩くのが速い。

(1) 命令文に変えて

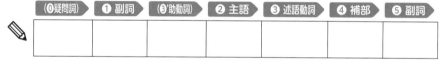

> 命令文はその名の通り相手に命令をする文で、動詞の原形から始めます。命令文は相手に向かって発話することですので、You walk fast.の主語が落ちたものだと考えればよ

いでしょう（You walk fast.とするだけでも命令文になることがありますが、強く威圧的な言い方になってしまうので注意が必要です）。be動詞の命令文も同様に、Be quiet.「静かにしなさい」のようにします。否定の命令文は〈Don't ＋ V原形〉とします。注意点はbe動詞の場合もDon't be afraid.「恐れるな」となり、平叙文の否定（You are not afraid）とは異なる点です。今回は **Walk fast.** とすればよいわけですが、より和らげた丁寧な命令文にする場合は、Please walk fast.「どうか速く歩いてください」のようにpleaseをつけることがあります。

［訳例］　速く歩きなさい。

(2) 感嘆文に変えて

▶ 感嘆文とは、「なんて〜なのでしょう！」と喜びや驚きなど強い感情を表すための表現です。〈How ＋形容詞・副詞〉もしくは〈What (a) ＋ 形容詞＋名詞〉を⓪の位置に置き、文末に「！」(感嘆符［エクスクラメーションマーク］)を置きます。注意点は、疑問詞を用いるものの疑問文と違ってS Vは平叙文の語順のままにする点です。上記の例文はfastという副詞をhow fastとして⓪の位置に移動し、**How fast you walk!** とします。例えば、You are a good boy.「あなたはいい子だ」であれば、What a good boy you are!「あなたはなんていい子なのでしょう！」とします。

［訳例］　あなたはなんて速く歩くのでしょう！

3 間接疑問文

　間接疑問文とは、p. 26で扱った、主に疑問詞が導く名詞節のことです。I wonder why she quit the job.「なぜ彼女は仕事を辞めたのであろうか」は、Why did she quit the job?というwh-疑問文がwonderの目的語になる名詞節として働く間接疑問文です。それから、Yes-No疑問文（一般疑問文）の場合は「…するのかしないのか」を

尋ねるので、「…かどうか」という意味の名詞節を導くwhetherかifを用いてI don't know whether he will come.「彼が来るのかどうかわからない」とすると、Will he come?に相当する間接疑問文となります。間接疑問文は、意味的には疑問文ですが、語順は平叙文と同じになりますので気をつけてください。

ここでは、この間接疑問文にdo you know...?「知っていますか？」やdo you think ...?「思いますか？」が絡んだ場合について見ていきたいと思います。疑問文の原則として、疑問の焦点を文の先頭に置く、という決まりがあります。疑問の焦点とは尋ねたいこと、要するに相手が答えられることでなければなりません。いくつか例文を見ていきましょう。

Do you know who is going to marry Susan?

▶ Do you know ...?「…を知っていますか？」はYesかNoで答えることができるのでYes-No疑問文で問題ありません。このknowの目的語に疑問代名詞whoが導く名詞節が、間接疑問文として用いられています。間接疑問文の中は平叙文の語順である点に注意しましょう。

(0)	①	(3')	②	③	④	⑤
		Do	you	know	[who is going to marry Susan]?	

[訳例] 誰がスーザンと結婚するのか知っていますか？

Who do you think is going to marry Susan?

▶ *Do you think who ...?「誰が…と思いますか」としてしまうと、YesやNoで答えることができないので非文となってしまいます。この場合、思うかどうかではなく「誰が結婚するのか」が疑問の焦点となります。したがって、疑問代名詞のWhoを⓪の位置に移動し、do you thinkがその後に挿入的に入ります。このようにthink, believe, imagine, supposeなど「考える」系の動詞は間接疑問文を伴って用いるとWh- do you think ...?の語順になるので注意しましょう。

(0)	①	(3')	②	③	④	⑤
Who	<do you think>		■	is going to marry	Susan?	

［訳例］誰がスーザンと結婚すると思いますか？

Did you say who is going to marry Susan?

(0)疑問詞	① 副詞	(3')助動詞	② 主語	③ 述語動詞	④ 補部	⑤ 副詞

▶ Did you say who ...? は「言ったかどうか」を尋ねる文でYes, Noで答えることができるので、Yes-No疑問文となります。

(0)	①	(3')	②	③	④	⑤
		Did	you	say	[who is going to marry Susan]?	

［訳例］誰がスーザンと結婚するのか、あなたは言いましたか？

Who did you say is going to marry Susan?

(0)疑問詞	① 副詞	(3')助動詞	② 主語	③ 述語動詞	④ 補部	⑤ 副詞

▶ knowやthinkの系統の動詞と異なり、say「言う」とguess「推測する」はYes-No疑問文とwh-疑問文のいずれのパターンも使うことができます。ただし、もちろんですが、疑問の焦点が異なるので意味が変わります。Who did you say ...? の場合は「誰」を尋ねる疑問文となり、疑問の焦点のWhoが⓪の位置にきて、did you sayは挿入的にその直後に置かれます。

(0)	①	(3')	②	③	④	⑤
Who	<did you say>			is going to marry	Susan?	

［訳例］誰がスーザンと結婚するとあなたは言いましたか？

知識事項 +α　修辞疑問文

修辞疑問文とは、答えのない疑問文や答えようのない疑問文のことです。実質否定文にあた

る内容の文を伝える働きがあり、日本語の反語に近いものがあります。

　例えば、Who knows?は「誰が知っているのか？（いや、誰も知らない）」という意味の修辞疑問文になり、実質Nobody knows.「誰も知らない」に相当します。しかし、ストレートに断言する後者と異なり、前者の場合、読み手が「誰が知っているというのか？　いや、誰も知らないのだ」と考える余韻ができ、結果的に強く意味が伝わる、という効果があります。

　ただし、修辞疑問文なのか、普通の疑問文なのかは見た目の形では判断できず、文脈によって決まるとしか言うことができません。ですから実際の文章などでは、直後にその疑問文に対する答えを言っているのかどうか、ということから判断するとよいでしょう。

3-1 文の種類 演習

🔊 TR32

✎ 問 題

1 以下の各文について、指示にしたがって英文を書き換えた上でそれぞれ和訳してください。

(1) Henry visited Mary yesterday.

① 一般疑問文［Yes-No 疑問文］に

② Henry を尋ねる疑問文に

③ Mary を尋ねる疑問文に

④ yesterday を尋ねる疑問文に

⑤ 付加疑問文に

(2) You are kind to elderly people.

① 命令文に

② 感嘆文に

2 以下の各文について、括弧内の語（句）を並べ替えて、正しい英文にしてください。
（文頭で始まる語も小文字で記してあります）

(1) (buy /do / I / know / should / where / you) the ticket?

(2) (do / is / Susie / think / why / you) angry with her husband?

3 以下の日本語を英訳してください。

(1) 誰が昨日新しい辞書を買ったのですか？

(2) あなたはなんて速く歩くのでしょう！

💡 解 答 & ワンポイント解説

1

(1) ① Did Henry visit Mary yesterday?
　　ヘンリーは昨日メアリーを訪問したのですか？

② Who visited Mary yesterday?
　　誰が昨日メアリーを訪問したのですか？

③ Who[Whom] did Henry visit yesterday?

196

ヘンリーは昨日誰を訪問したのですか？

④ When did Henry visit Mary?
ヘンリーはいつメアリーを訪問したのですか？

⑤ Henry visited Mary yesterday, didn't he?
ヘンリーは昨日メアリーを訪問したのですよね？

▶ ②のように主語を疑問詞に変える際は、動詞はそのままの形にしますが、それ以外の①
③④はdid S visitという語順にする点に気をつけましょう。③の人を表す疑問詞の目的
格について、硬い書き言葉ではWhomを使いますが、普通はWhoを使います（ただし
To whom did she speak?のように前置詞の目的語になる場合はwhomを用います）。
⑤の付加疑問文は、主節と肯定・否定を入れ替える点に注意しましょう。

(2) ① Be kind to elderly people. お年寄りに対して親切にしなさい。

② How kind you are to elderly people!
あなたはお年寄りに対してなんて親切なのでしょう！

▶ ①のようにbe動詞を命令文にする際はBeで始めます（ただし否定の命令文の場合は
Don't be ...とするので注意しましょう）。②の感嘆文は、ここではkindという形容詞を
強めるのでHowを用います。

2

(1) **Do you know where I should buy** the ticket?

▶ whereは「どこで…するか」という意味の疑問副詞で、knowに対する目的語になる名
詞節を導きます。「知っているかどうか」はYes, Noで答えることができますから、Do
you know where ...?という語順にします。間接疑問文の中はI should buyと平叙文の
語順にする点に気をつけましょう。

［訳例］ どこでチケットを買えばよいのかご存知ですか？

(2) **Why do you think Susie is** angry with her husband?

▶ whyは「なぜ…するか」という意味の疑問副詞で、thinkに対する目的語になる名詞節を
導いていますが、*Do you think why ...?「なぜ…だと思うか」はYes, Noでは答える
ことができませんから、疑問の焦点にあたるWhyを文頭に移動して、Why do you
think ...?とします。疑問文の語順にするのは最初のSVのみで、間接疑問文にあたる
Susie is angry の部分は平叙文の語順のままにします。

［訳例］ なぜスージーは彼女の夫に腹を立てているのだと思いますか？

3

(1) Who bought a new dictionary yesterday? (p. 190)

(2) How fast you walk! (p. 192)

2 態（能動態・受動態） 🔊 TR33

〈全体像におけるこの項目の「位置」〉

受動態は「受身の文」と呼ばれることもあり、「動詞を〈be + Vp.p.〉にして『〜される』と訳せばいいんだ」と思い込んでいる学習者が多いのですが、例えば「私は財布を盗まれた」を *I was stolen my wallet. としたものは非文となります。なぜでしょうか？　受動態は多くの人が「中学校で習った簡単な文法事項」だと決めつけてスルーしがちですが、ここではあらためてどのようにして受動態にするのか、そして受動態にはどのような意味があるのか（能動態と比べてどういう違いがあるのか）ということを見ていきたいと思います。

1 受動態の作り方と意味

まずは、受動態にする前提として、John broke the window.「ジョンは窓を割った」という能動態を受動態に変形する手順を見ていきましょう。

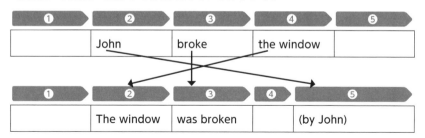

［訳例］窓は（ジョンによって）割られた。／窓はジョンが割った。／窓が割れた。

受動態を作る手順は下記の通りです。

(1) 能動態の目的語（= the window）を主語の位置に移動する
(2) 動詞の形を〈be + Vp.p.〉(= was broken) とする（これを便宜的に「受身V」と呼ぶことにします）
(3) 元の主語（= John）を〈by +名詞〉として、⑤の位置に置くが、前置詞句なので場合によってはこの〈by +名詞〉は省略可能

この（1）〜（3）の手順を通して作った受動態が上記の全体像に記した The window was broken (by John). となります。それでは能動態と受動態で、どのような違いがあ

るのでしょうか？

　まず主語が違いますね。主語のことを主題ということもありますが、要するに主語はその文のテーマであり主役であると考えてください。つまり、上記の文では、Johnを主役にして、「Johnについて述べると窓を割った」、という意味になるのが能動態で、The windowを主役にして、「The windowについて述べると、Johnが割った」という意味になるのが受動態になります。

　そして、なぜ受動態にする際に前置詞のbyを用いるのかというと、byはよく「〜によって」と訳すことが多いですが、ここでは"動作主"を表すからです。つまり、break「割る」という動作をしたのがJohnであることを示すわけです。ですから、能動であろうが受動であろうが「ジョンが割った」という事実は変わらないわけですね。受動態は「〜される」と訳すと決めつけている方が多いようですが、そうではなく、単にThe windowがテーマで、by Johnが動作主なわけですから、「窓はジョンが割った」としても、その意味を表すことができます。

　最後に、上記の（3）で〈by＋名詞〉は省略可能と書きましたが、いつでも省略可能というわけではありません。ひとつは、世間一般の人が動作主の場合は言わなくてもわかる、ということでby句は省略されることが多いです。それともうひとつ、誰がしたのか動作主がわからない、あるいはその動作の責任の所在を明示したくない場合、by句を省略することがあります。能動態だと主語である動作主を明示しなければなりませんから、動作主がわからない、明示したくない、そういう場合に受動態にすることがあります。したがって、The window was broken. とした場合、「窓は割られた」でもよいですが、別に"される"と訳すために受動態にしたわけではなく、「windowをテーマにしつつ動作主を明示したくない」といった理由で受動態にしただけですから「窓が割れた」と意訳してもかまわないわけです。逆に、受動態にしても窓が割れたことに対する責任の所在を明示したい場合は、by Johnを残します。

　それでは冒頭の「私は財布を盗まれた」はどのように書けばよいでしょうか？　stealは能動態で用いると、steal A from B「BからAを盗む」となりますから、Someone stole my wallet (from me). 「誰かが私の財布を盗んだ」（my walletと所有格を付けているため誰から盗んだのかは自明ですから、こういう場合from meは書かなくてよいです）という文を想定して、以下で受動態にしてみましょう。

❶ 副詞	❷ 主語	❸ 述語動詞	❹ 補部	❺ 副詞

199

▶ 能動態の目的語にあたるa walletを主語の位置に移動し、動詞をwas stolenにします。修飾語は元の位置に置き、動作主はby句にしますが、前述の通り私から盗まれたのは自明ですからfrom meは書く必要はありません。また、ここでは誰が盗んだのかはっきりしませんから、by someoneも省略し、**My wallet was stolen.** とします。

①	②	③	④	⑤
	My wallet	was stolen		(from me) (by someone)

[訳例] 私の財布が盗まれた。

　受動態の原則は、能動態の目的語を主語に変えることですから、冒頭の非文のように *I was stolen her wallet. とすることができない理由はもうおわかりですね。ですが、Iを主役にして、「私に関していうと、財布が盗まれた」としたい場合はどうすればよいでしょうか？ p. 175で説明した使役動詞haveを用いたhave O Vp.p.を用いると、OとVp.p.の間に受動態の意味を含みつつ、主語にIを置くことができます。これは「Oを〜されてしまう」という【被害】を表す意味を含むので、被害受身文と呼ばれることがあります。主語をIにして、この被害受身文を作ってみましょう。

❶ 副　詞	❷ 主　語	❸ 述語動詞	❹ 補　部	❺ 副　詞

▶ **I had my wallet stolen.** とすれば、OとCの間に "my wallet was stolen" という受動の意味関係を含むことができますね。

[訳例] 私は財布を盗まれてしまった。

2　受動態にできる動詞

　受動態にするためには能動態の目的語を主語にしなければなりません。つまり、原則として目的語をとる他動詞を受動態にすることができます。受動態にすると、目的語が主語になるため、能動態と比べて目的語が1つ少ない文型になります。以下に能動・受動の文型の違いを整理しておきましょう。

	能動態	受動態
第3文型	SVO	SV
第4文型	SVOO	SVO
第5文型	SVOC	SVC

以下では、能動態の文を受動態に変える練習をしながら、働きを確認しましょう。

1 第3文型と受動態

以下の文を受動態にしてみてください。

They are building a new city hall along this street.

▶ 能動態から受動態にするとき、文の語順をずいぶん変えますが、動詞の時制や助動詞は変えてはいけません。能動態の目的語のa new city hall「新しい市庁舎」を主語にしたら、are buildingという進行形をそのまま受動態にして〈be + being + Vp.p.〉の形であるis being builtとすると、「〜されている最中」という現在進行形の受動態になります。場所を表す前置詞句along this streetはそのまま⑤の位置に置きます。能動態の主語のTheyは、この建設工事に関係する人々を漠然と指す代名詞のため明示する必要はないので、by themは書かなくてもよく、**A new city hall is being built along this street.** とします。

①	②	③	④	⑤
	A new city hall	is being built		<along this street>

[訳例] この通り沿いに新しい市庁舎が建設されているところだ［建設中だ］。

★ 知識事項 +α　動作を表す受動態と、状態を表す受動態

The library was closed at 5p.m.は「図書館は5時に閉まった」という1回限りの【動作】を表しますが、The library was closed last Saturday.「この前の土曜日、図書館は閉まっていた」とすると、【状態】を表します。動作か状態かは前後関係や修飾語などから判断するしかありません。ちなみに動作の受動態であることを明示したい場合、Bill got hit by a car yesterday.「ビルは昨日車にはねられた」のように、be動詞ではなく〈get + Vp.p.〉を使うことがあります。

2 第4文型と受動態

次に、以下の文を（1），（2）の指示に合わせて受動態にしてみてください。

Bob gave Kate a nice ring as a birthday present.

（1）Kateを主語にした受動態に

❶ 副 詞	❷ 主 語	❸ 述語動詞	❹ 補 部	❺ 副 詞

▶ Bob(S) gave(V) Kate(O₁) a nice ring(O₂) <as a birthday present>.という第4文型ですが、目的語が2つあるので、理屈上2通りの受動態を作ることができます。Kateについて述べたい場合は、O₁のKateを主語にした受動態にします。O₂は元の目的語の位置にそのまま残し、**Kate was given a nice ring as a birthday present by Bob.** とします。

❶	❷	❸	❹	❺
	Kate	was given	a nice ring	<as a birthday present> <by Bob>

［訳例］ ケイトはボブに誕生日プレゼントですてきな指輪を与えられた［もらった］。

（2）a nice ringを主語にした受動態に

❶ 副 詞	❷ 主 語	❸ 述語動詞	❹ 補 部	❺ 副 詞

▶ 上記の文のうち、O₂にあたるa nice ringを主語にして受動態にすることもできますが、A nice ring was given Kate as a birthday present by Bobとすると、（1）で受動態にした文と見た目が同じ構造になり、理解しにくくなってしまいます。そこで、O₂にあたる要素を主語にしたい場合、O₁とO₂の関係を明示するために、p. 151で扱った与格交替を用いてgive O₁ O₂ ⇄ give O₂ to O₁として、**A nice ring was given to Kate as a birthday present by Bob.** とするほうが普通です。

❶	❷	❸	❹	❺
	A nice ring	was given	to Kate	<as a birthday present> <by Bob>

［訳例］ すてきな指輪がケイトに誕生日プレゼントとしてボブから与えられた。

202

3 第5文型と受動態

次に、以下の文を（3）〜（5）の指示に合わせて受動態にしてみてください。

My parents named me William after my grandfather.

(3) grandfatherを主語にした受動態に

❶副詞	❷主語	❸述語動詞	❹補部	❺副詞

> ▶ name O Cで「OをCと名づける」という第5文型です。これも目的語にあたるmeを主語にすることで受動態にでき、**I was named William after my grandfather by my parents.**とします。このafterは「〜にちなんで」という意味です。

❶	❷	❸	❹	❺
	I	was named	William	\<after my grandfather\> \<by my parents\>

[訳例] 私は、祖父にちなんで、両親からウィリアムと名づけられた。

My teacher asked me to read the textbook aloud in class.

(4) Iを主語にした受動態に

❶副詞	❷主語	❸述語動詞	❹補部	❺副詞

> ▶ ask O to V「OにVしてくれと頼む」のような、SVOCのCに準動詞がくるパターンです。この例文ではOにあたるmeを主語にして受動態とすることができ、I was asked to read the textbook aloud in class by my teacher.とすることもできますが、C (to read the textbook aloud) の準動詞が長くなってしまいます。このように動作主がどこにかかっているのかわかりにくくなる場合は、be askedとto readの間にby句を置いて、**I was asked by my teacher to read the textbook aloud in class.**とします。

❶	❷	❸	❹	❺
	I	was asked \<by my teacher\>	(to read the textbook aloud)	\<in class\>

[訳例] 私は授業で教科書を朗読するようにと先生に言われた。

Someone saw George enter the building last night.

(5) George を主語にした受動態に

❶ 副詞	❷ 主語	❸ 述語動詞	❹ 補部	❺ 副詞

> ▶ p. 168で扱った使役動詞や知覚動詞は、〈V ＋ O ＋ V原形（原形不定詞）〉という形を
> とりましたが、受動態にすると原形不定詞ではなく〈to ＋ V原形〉となり、**George
> was seen to enter the building last night.** とします（by someoneは具体的に誰
> なのか明示していないので省略します）。なお、使役動詞のうち、haveとletは受動態に
> できないので注意してください（letに当たる内容を受動態にする場合は同意表現の
> allowを用いて、My parents let[allowed] me to study abroad. → I was allowed
> to study abroad by my parents. とします）。

❶	❷	❸	❹	❺
	George	was seen	(to enter the building)	<last night>

［訳例］ ジョージは昨夜その建物に入るのが目撃された。

✦知識事項 ➕α　受動態にできない動詞

　先ほど「原則として目的語をとる他動詞は受動態にすることができる」と述べましたが、他
動詞であればすべて受動態にできるわけではありません。能動態の目的語に動作の影響を与え
ないhave「〜を持っている」、lack「〜に欠けている（＝ don't have）」のように所有・非所
有を表す動詞や、resemble「〜に似ている」やmeet「〜に出会う」のように相互関係を表
す動詞などは受動態にすることができません（例えば、A resemble B「AはBに似ている」は
入れ替えてB resemble A「BはAに似ている」とすることもできますから、わざわざ受動態
にする必要はないのです）。

　ただし、例えばA meet B「AはBと出会う」はAとBが入れ替え可能な相互動詞なので、
resembleと同様に受動態にはできませんが、meetが「出迎える」という意味であれば目的
語に影響を与えるので、I was met by my uncle at the station.「私は駅で叔父に出迎えら
れた」のように受動態にすることができます。ですから、英文を書いたりするときは、その都
度、辞書で確認をするようにしましょう。

3 ┃ その他、自動詞や熟語に関する受動態

　受動態は能動態の目的語を主語にすることで作るわけですから、受動態にできるのは
原則として他動詞です。ただし〈自動詞＋前置詞〉からなるいわゆる熟語が、全体で1

204

つの他動詞扱いとなる場合、受動態にすることができます（ただし他動詞の場合と同じく、すべての自動詞が受動態にできるわけではありません。詳しくは次ページの「知識事項＋α」をご覧ください）。

では、以下の文を (1)〜(4) の指示にしたがって受動態に変えてみてください。

All the classmates laughed at Bob.

(1) Bobを主語にした受動態に

▶ laughは自動詞ですが、laugh at〜で「〜をあざ笑う、笑いものにする」という意味の熟語になります。ですから、この2語で1つの他動詞扱いとすると、Bobを主語にした受動態にすることができ、**Bob was laughed at by all the classmates.** とすることができます。このときに、前置詞が続いてat byとなることに違和感があるかもしれませんが、このatは前置詞というよりも "laugh at" という動詞の一部分だと考えてください。

❶	❷	❸	❹	❺
	Bob	was laughed at		\<by all the classmates\>

［訳例］ボブはクラスメート全員に笑われた［笑いものにされた］。

All the students look up to Mr. Smith.

(2) Mr. Smithを主語にした受動態に

▶ lookは典型的な自動詞ですが、look up to〜で「〜を尊敬する」という意味の熟語になるため、**Mr. Smith is looked up to by all the students.** とします。

❶	❷	❸	❹	❺
	Mr. Smith	is looked up to		\<by all the students\>

［訳例］スミス先生は、学生全員に尊敬されている。

✱ 知識事項 +α　〈自動詞＋前置詞〉の受動態について

　例えば、I live in this house. という文を *This house is lived in by me. とはできないように、すべての〈自動詞＋前置詞〉が受動態にできるわけではありません。先ほどの例文のlaugh atは「笑いものにする」という意味ですから、目的語にあたるBobは影響を受けていますよね。他動詞のときと同じように、その熟語の動作の影響を目的語に与えるような〈自動詞＋前置詞〉は受動態になります。

　その一方で、2つ目のlook up to「尊敬する」は目的語であるスミス先生に何らかの影響があるわけではありません。これは受動態にした結果、主語であるスミス先生の人柄について、「学生から尊敬されている」と表せるということです。このように、主語の特徴や性格を表すような場合も受動態にすることができます（冒頭のlive inの例はこのいずれにも当てはまらないため非文になるのです）。

You must take extreme care of babies.

(3) extreme careを主語にした受動態に

❶副詞	❷主語	❸述語動詞	❹補部	❺副詞

▶ extreme careがtakeの目的語ですから、これを主語にします。by youは明示する必要がないため省略して、**Extreme care must be taken of babies.** とします。助動詞mustはそのままbe takenの前に置きます。take care of 〜は「〜に注意を払う、〜を世話する」という熟語で、of babiesは付加部と考えた方がよさそうですから、❹の位置に置くことにしましょう。

❶	❷	❸	❹	❺
	Extreme care	must be taken	of babies	(by you)

［訳例］十二分の注意を赤ん坊に払わなければなりません。

(4) babiesを主語にした受動態に

❶副詞	❷主語	❸述語動詞	❹補部	❺副詞

▶ 上述のように、take care ofの3語で1つの熟語のカタマリと考えれば、babiesを主語とした受動態にして、**Babies must be taken extreme care of.** とすることができます。もちろんこの(3)と(4)の文は同義というわけではなく、Extreme care「十二

分の注意」を文のテーマとして述べたいのであれば (3)、babies「赤ん坊」をテーマに述べたいのであれば (4) で表します。

①	②	③	④	⑤
	Babies	must be taken extreme care of		

［訳例］赤ん坊には十二分に注意を払わなければなりません。

知識事項 +α　byを使わない受動態

　例えば、「彼は交通事故で亡くなった」はHe was killed in a traffic accident. とします。これは、交通事故は動作主ではなく、彼が亡くなった「場面」を表すため、空間を表す前置詞inを用いるのです。byを用いない受動態については文法書などにある程度列挙されていることが多いので、お手持ちのものや辞書で、どういう前置詞を伴うのかを確認するようにしましょう。

3-2 態（能動態・受動態） 演習　　　🔊 TR34

✏️ 問題

1 以下の各文について、○で囲まれた語（句）を主語にした受動態に変えて、和訳してください。

(1) Our neighbor looked after [our dog] while we went to Hawaii.

(2) People elected [Mr. Tanaka] governor in the last election.

(3) Someone stole my bicycle from [me].

(4) Our teacher made [us] clean the gymnasium as a punishment.

2 以下の各文について、括弧内の語（句）を並べ替えて、正しい英文にしてください。
（文頭で始まる語も小文字で記してあります）

(1) (criminal / enter / seen / the / to / was) the building that night.

(2) (awarded / the Nobel Prize / the professor / was) in physics.

(3) (advantage /Fred / of / taken / was) by the man again.

3 以下の日本語を英訳してください。

(1) この通り沿いに新しい市庁舎が建設中だ。

(2) 私は、祖父にちなんで、両親からウィリアムと名づけられた。

💡 解答 & ワンポイント解説

1

(1) Our dog was looked after by our neighbor while we went to Hawaii.

> ▶ look after〜は「〜を世話する」の熟語で、これ全体を1つの他動詞のカタマリとすればS be looked afterという受動態にすることができます。「犬が隣人によって世話をされる」と直訳してもかまいませんが、「犬」がテーマで「隣人」が動作主であることは変わらないので、以下のように訳すと自然な日本語になります。

［訳例］私たちがハワイに行っていたとき、我が家の犬は隣人が世話をしてくれた。

(2) Mr. Tanaka was elected governor in the last election.

> ▶ elect OCで「OをCに（投票で）選ぶ」の意味で、受動態にするとS be elected Cとなります。

［訳例］前回の選挙で、タナカ氏が知事に選出された。

208

(3) I had my bicycle stolen.

> ▶ この文を普通の受動態にするとMy bicycle was stolen (from me).となります（誰が盗んだのかはっきりしないので、こういうときはby someoneを省略します。またMy bicycle「私の自転車」と述べられており、盗まれた人が「私」であることも自明なので、from meも省略するのが普通です）。「私」を主語にした受動態にするにはhave ○ Vp.p.「○を～されてしまう」という被害受身文の形を用いればよいです。

［訳例］　私は自転車を盗まれた。

(4) We were made by our teacher to clean the gymnasium as a punishment.

> ▶ 使役動詞のmake ○ V原形「○に（無理に）Vさせる」を受動態にするとbe made to V原形となります。元の主語はby our teacherとします。文末に置くこともできますが、不定詞が比較的長く、どこを修飾しているのかわかりにくくなるので、be madeとto Vの間に置いたほうがよいです。

［訳例］　私たちは先生に、罰として体育館の掃除をさせられた。

2

(1) **The criminal was seen to enter** the building that night.

> ▶ 知覚動詞のsee ○ V原形「○がVするのを見る」を受動態にするとbe seen to V原形となります。

［訳例］　犯人はその晩その建物に入るのを目撃された。

(2) **The professor was awarded the Nobel Prize** in physics.

> ▶ award A B ⇄ award B to A「AにBを授与する」のAを主語とする受動態にするとA be awarded Bとなりますが、Bを主語とする受動態とした場合はAを主語とした受動態と区別するために与格交替した形のB be awarded to Aとするのが普通です。本問はtoがないので、前者だと判断しましょう。

［訳例］　その教授はノーベル物理学賞を授与された。

(3) **Fred was taken advantage of** by the man again.

> ▶ take advantage of 人 は「人 につけ込む」という意味の熟語です。人をテーマとした受動態にするのであれば 人 be taken advantage ofとなりますし、advantageの部分をテーマに受動態とするとAdvantage be taken of 人 となります。

［訳例］　フレッドはその男に再びつけ込まれた。

3

(1) A new city hall is being built along this street. (p. 201)

(2) I was named William after my grandfather by my parents. (p. 203)

3 例外（倒置など）　TR35

〈全体像におけるこの項目の「位置」〉

　ここまでこの「英文法の展望台」では、みなさんの英語学習を円滑に進めるために、英語の全体像として、主に語順のルールを見てきました。この全体像をしっかり把握しながら語彙力も磨けば、どんな英語の文章でも読めるようになると言っても過言ではありません。ただし、何事も原則には例外がつきものです。ここまで見てきた全体像に当てはまらない文法事項もあれこれあります。それを扱い出すとキリがないのですが、ここではその中でも、みなさんが今後いろいろな英語に実際に触れるときによく見かけるであろう、そして理解しておいたほうが役立つ文法事項を概観してみたいと思います。覚える負担を極力減らすために、全体像の枠組みと関連づけて説明していきます。

1 疑問文の語順になる「倒置」

　「倒置」というのは、全体像で示した本来の英語の語順とは異なる語順にする表現方法のことで、一般的にこの言葉でまとめられることが多いのですが、厳密に言うと、倒置には2種類のものがあります。そこで本書では「1. 疑問文の語順になる「倒置」」と、「2. 文要素の「倒置」」に分けて、その違いを整理したいと思います。

　まず1つ目の倒置は、平叙文なのに、p. 188で見たような疑問文と同じ語順になるタイプです。これはかなり変則的であるように感じる方もいらっしゃるかと思いますが、このタイプの倒置は大きく分けて3パターンだけです。この3つということを意識しておけば、いざ実際に触れたときも難なく対処できるでしょう。なお、そのうち1つは本書では扱わなかった「仮定法」に関するものですので、ここでは2つを整理し、「知識事項＋α」で3つ目を扱います。すでに仮定法をご存知の方は読んでいただければと思いますし、まだ仮定法がよくわからないという方は、ここは一度読み飛ばし、本書を"卒業"してどこかで仮定法を学習した際にまた戻ってきていただければと思います。

1 文頭に否定を表す副詞の強調

　否定を表す副詞は、ここまでの全体像では、③の位置における〈助動詞＋動詞〉もしくはbe動詞の後に置かれるのが原則でした。ところが、この否定を表す副詞を強調すると①の位置に移動します。その際に主節の主語・動詞が倒置して疑問文と同じ語順（〈助動詞＋S＋V〉もしくは〈be動詞＋S〉）の語順になります。

　文頭に置かれる否定を表す副詞には、not, never, hardly, scarcely, littleの他、

〈only ＋副詞（句・節）〉があります（後述しますが、onlyだけでは倒置しませんのでご注意ください）。

Never have I seen such a beautiful scene.

❶ 副詞	(❸'助動詞)	❷ 主語	❸ 述語動詞	❹ 補部	❺ 副詞

▶ 文頭に否定を表す副詞neverが置かれたため、have I seenと主節の主語・動詞が倒置して疑問文の語順になっています。英語ではこのように否定語を強調すると文頭に現れるのですが、日本語に訳すときは「〜ない」という否定語から始めることができません。そのため、訳しづらければ元の語順I have never seen such a beautiful scene.に戻して考えてみるとよいでしょう。

❶	(❸')	❷	❸	❹	❺
<Never>	have	I	seen	such a beautiful scene	

[訳例] そんなに美しい景色を私は見たことがない。

Not until I went abroad did I realize the value of my home country.

❶ 副詞	(❸'助動詞)	❷ 主語	❸ 述語動詞	❹ 補部	❺ 副詞

▶ 文頭にnotという否定を表す副詞がきていますが、直後のuntilは「…までずっと」という意味の接続詞で副詞節を導きます。文頭に否定を表す副詞がくることで倒置するのはあくまで主節であって、従属節は平叙文の語順であることに注意してください。本来の語順で示すと、I did not realize the value of my home country until I went abroad.「海外に行くまでずっと、母国の価値に気づかなかった」ということから、結果的に「海外に行って初めて、母国の価値に気づいた」と意訳するとよいでしょう。

❶	(❸')	❷	❸	❹	❺
<Not> [until I went abroad]	did	I	realize	the value of my home country	

[訳例] 海外に行って初めて、母国の価値に気づいた。

At no time have I forgotten what you did for me then.

❶副詞	(❸'助動詞)	❷主語	❸述語動詞	❹補部	❺副詞

▶ at no timeは「決して…ない」という意味の前置詞句で、全体で副詞句になります。no自体の品詞は形容詞ですが、このように前置詞句の中に含まれて全体で否定を表す副詞のカタマリになる場合は、主節の主語・動詞が倒置して疑問文の語順になります。この表現について注意していただきたいのは、一語入れ替えてin no timeとすると「すぐに」という熟語で否定の意味はなくなることです。この場合、たとえ文頭に置かれても平叙文の語順になります（In no time he returned.「すぐに彼は戻ってきた」）。

❶	(❸')	❷	❸	❹	❺
<At no time>	have	I	forgotten	[what you did for me then]	

[訳例] 私はそのときあなたがしてくれたことを忘れたことは決してありません。

Only then did she tell me what had happened to her.

❶副詞	(❸'助動詞)	❷主語	❸述語動詞	❹補部	❺副詞

▶ 文頭に〈only＋副詞（句・節）〉がくると、同じく主節の主語・動詞が倒置して疑問文の語順になります。日本語に訳すとonlyは「〜しか、〜のみ」という意味ですから否定語と関係ないと思われるかもしれませんが、例えばこの文であれば、only then「そのときのみ」ということは「それ以前は違う」という否定の意味を含意しています。実際、英英辞典でonlyを調べてみると、"nothing or no one except a particular person or thing"（『ロングマン現代英英辞典』）という定義が掲載されており、否定的な単語であることがわかります。ただし注意点としては、あくまでonlyが副詞（句・節）とともに文頭にくる場合だけ倒置が起こるのであり、Only John answered the question.「ジョンだけがその問いに答えた」のように、onlyだけ文頭にきても倒置は起こりません。

❶	(❸')	❷	❸	❹	❺
<Only then>	did	she	tell	me [what had happened to her]	

[訳例] そのときになってようやく、彼女は私に、何が彼女の身に起こったのか話した。

2 so/such 〜 that ... の強調

　so/such 〜 that ...「とても〜なので…」という構文のso/such〜の部分を強調して文頭に置くと、主節の主語・動詞が倒置されて疑問文の語順になります（この構文のthat節は副詞節、つまり従属節ですのでthat ... は平叙文の語順になります）。soとsuchは品詞が異なり、soは副詞、suchは形容詞になります。詳しくは以下の例で確認していきましょう。

So hard did Monica study for the final exams that she got straight A's.

▶ 本来の語順はMonica studied so hard for the final exam that she got straight A's.となります。このうちso hardが文頭に移動したため、did Monica studyと主節の主語・動詞が倒置して疑問文の語順になっています。hardは「一生懸命に」という副詞ですから、副詞のsoによって修飾されます。形容詞のsuchはこの文では使えません。

❶	(❸')	❷	❸	❹	❺
So hard	did	Monica	study	\<for the final exams\>	[that she got straight A's]

[訳例] モニカは期末試験のためにとても一生懸命勉強したのでオールAをとった。

Such was Henry's achievement that he was awarded a prize by the president.

▶ soとは異なってsuchは形容詞ですから、名詞を修飾してIt was such a good book that I couldn't put it down.「それはとても良い本だったので読むのをやめられなかった」のようにすることもできます。また、単独でC（全体像の④）として働くこともでき、この文の本来の語順はHenry's achievement was such(= so great) that he was awarded a prize by the president.となります。このCの位置にあるsuchが強調された結果、①の位置に移動したため、主節が疑問文の語順になっています。

①	(③')	②	③	④	⑤
Such	was	Henry's achievement			[that he was awarded a prize by the president]

[訳例] ヘンリーの業績はとてもすばらしかったので、社長から賞を授与された。

> **★ 知識事項 +α　仮定法条件節における倒置**
>
> 本書では扱わなかった知識事項ですが、仮定法の条件節（ifが導く副詞節のことです）で接続詞のifを省略すると条件節内の主語・動詞が倒置されて疑問文の語順になるというルールがあります。具体的には、If I were you, I wouldn't do such a thing.「もし私があなたなら、そんなことはしないだろう」のうち、条件節はIf I were youにあたりますが、このifを省略すると条件節内の主語・動詞が倒置して疑問文の語順となり、Were I you, I wouldn't do such a thing.という語順になります。

2 文要素の「倒置」

　ここまで全体像で見てきたように、英語にはSVOCという基本的な語順があるのですが、その一方で、古い情報から新しい情報へ並べていくという性質もあります。ここで言う古い情報とは、すでに文脈上に出てきた内容であるとか、常識的に読み手・聞き手が知っているような情報で、「旧情報」と呼ばれ、逆に、読み手・聞き手が知らない新しい情報は「新情報」と呼ばれます。下記に示すように、①②の位置で旧情報を提示して、動詞の後の④⑤で新情報を提示する、そしてその新情報を次の文の①②で旧情報として受けて、さらに新しい新情報を④⑤で受けて、という形で文脈が形成されていきます。

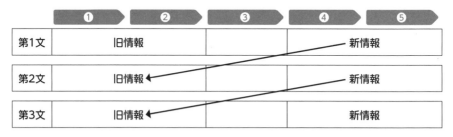

　上記のような形で話がつながるのが理想的なわけなのですが、英語の文においてはどうしても文型などで語順が固定されている以上、必ずしもそうなるとは限りません。①②の位置に旧情報、④⑤の位置に新情報を置く工夫として、例えばp. 112で扱ったthere構文や、p. 198で扱った受動態などを用いて語順を変えることもあります。しかしそれだけではうまくいかない場合に、旧情報から新情報へのつながりをよくするために、SVOCという文の要素を入れ替えて倒置することがあります。これは「1. 疑問文の語順

になる「倒置」」とは異なって疑問文の語順になっているのではなく、以下の例のように、ただ語順を入れ替えるだけの倒置になるので、1とは別物として理解してください。

本来の語順	文要素の倒置
SVA	AVS
SVC	CVS
SVO	OSV
SVOC	SVCO

　ここに示したパターンは絶対的な語順というわけでもありませんし、暗記するようなことではありません。以下の例で説明しますが、文要素の倒置は品詞をきちんと判断すれば気づくことができます。むしろ、倒置に気づいた上で、何が旧情報で、何が新情報なのかを見分けることのほうが大切なのです。

　文脈的なことは実際にある程度長い英語の文章に触れたときに少しずつ確認していくとして、ここでは文要素の倒置について例文を確認していきたいと思います。ただし、①〜⑤の文要素が倒置されていますから、書き込み用の全体像の枠に番号を振っていません。品詞を判断し、ご自身で番号を振りながら構造を分析してみてください。

At the foot of the mountain stood an old factory.

▶ at ... mountainが前置詞句で、次のstoodがV、そしてan old factoryが最初の名詞ですからこれがSです。つまり、An old factory(S) stood(V) at the foot of the mountain(A)という文が倒置してAVSになっていると判断できます。この文が使われる文脈を考えてみると、例えば直前で旧情報にあたる山の話をしている可能性があります。そしてこの次の文で、新情報である古い工場についてさらに詳しい説明がくるのではないかと予想ができます。

④	③	②
\<At the foot of the mountain\> A	stood V	an old factory S

[訳例] その山の麓に古い工場があった。

For me, more important than money is satisfaction with my work.

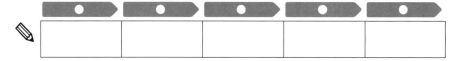

▶ For me は前置詞句、important は形容詞、is が be 動詞と品詞を分けていくと、satisfaction が最初の名詞であり、For me, satisfaction(S) with my work is(V) more important(C) than money が倒置した形だと判断できます（than は厳密には接続詞で than money is important という文が前提にあり、is important が省略されていると考えます）。おそらくこの文の前でお金の重要性についてすでに述べられており、次の文で仕事への満足度についてさらに詳しい説明がくるという予想がつきます。

❶	❹	❸	❷
<For me>,	more important [than money] C	is V	satisfaction <with my work> S

[訳例] 私にとって、お金より重要なのは、自分の仕事への満足度だ。

"Please hold open the door that is closing" said Mr. Fletcher.

▶ 日本語ではセリフを言う際に、"「…」と誰だれは言った"とカギカッコの後に（主語と）発言を表す動詞がきますが、英語でもセリフを言う際、発言を表す動詞の目的語にあたるセリフ（英語では" "（ダブルクォーテーション）でくくります）を述べた後に、S say がくることがあります。この際、主語が人称代名詞の場合は、"..." S say という語順になるのが普通（この例文でしたら、"..." he said.）ですが、人称代名詞以外の語が主語の場合、"..." say S となることが多いです。これもやはり旧情報・新情報が関係しています。ただし、これは絶対的な語順ではなく、普通に"..." Mr. Fletcher said. となることもありますし、実際に読み上げた際に人称代名詞に強勢が置かれた場合は、反対に"..." said he. となることもありますので、臨機応変に対処するようにしましょう。

　ちなみに今回のセリフの中身ですが、hold(V) open(C) the door that is closing(O) と倒置をしています。これは旧情報・新情報という要素もあるのかもしれませんが、C の open と比べて、修飾語も含めると O が長くなっており、英語では長い主語や目的語は文末に回す傾向があるため、語順を整えるために倒置させたと考えられます。これもきちんと品詞と文要素を判断しておけば気づけることですね。

④	③	②
"Please hold open the door that is closing" O	said V	Mr. Fletcher S

[訳例]「閉まりかけの扉を開けておいてください」とフレッチャー氏は言った。

This method of agriculture researchers call crop rotation.

▶ call は call OC の形で「OをCと呼ぶ」という意味になりますが、この例文では This method of agriculture(O) researchers(S) call(V) crop rotation(C) と倒置をしています。これは、this method「この方法」が指すものは直前の文ですでに述べられているため旧情報として扱われ、それに対して crop rotation「輪作」という用語はここで初めて導入された新情報なので、このような語順に倒置しているのです。

④	②	③	④
This method \<of agriculture\> O	researchers S	call V	crop rotation C

[訳例] この農業の方法を、研究者は輪作と呼んでいる。

✦知識事項 +α 話題化

　p. 198の受動態のところでも説明しましたが、主語の位置は、主題、つまりその文のテーマ・話題にあたる部分です。主語の部分で話題を提示して、述部でその話題について述べるというのが普通の文の形なのですが、目的語にあたるものが前の文の内容を受ける旧情報で、それを話題にしたい場合もあります。こうした場合、固定された語順では対応できないため、受動態にしたり、上記の最後の例のようにOSVやOSVCといった倒置を起こしたりするのです。このように目的語を主語の位置に倒置することを、目的語を話題として扱うことから「話題化」と言います（厳密には、話題にあたる語を、話題を表す主語の位置に移動させるので「話題話題化」と言います）。

　ところが、同じOSVという形であっても、Oに新情報がくることがあります。

I often quarrel with my brother. My sister I'm in good terms with.

　[訳例] 私は兄とは頻繁に口論する。姉とは仲がよい。

この2つ目の文で、My sister はここでは新情報のため、文頭には現れにくいはずです。しかし、I'm in good terms with my sister という文の前置詞 with の目的語にあたるこの my sisterが、文頭に出る倒置の形になっています。これは厳密には「焦点話題化」といって、新情報にあたるものを話題化することで、直前の部分までとは対比的に新しい話題を述べる場合に用います。ここでも直前の兄と違って姉とは仲がよい、という新しい話題を対比的に導入するために焦点話題化が行われています。

　語順だけ見て単純に旧情報・新情報と決めつけるのではなく、このように内容を考えながらその都度、臨機応変に旧情報・新情報を少しずつ意識していくと、だんだん文脈への理解が深まってくるはずです。

3 | 強調構文［分裂文］

　日本で刊行されている多くの文法書で「強調構文」と呼ばれている構文がありますが、専門的にはcleft sentenceと言ってその訳語は「分裂文」です。文法用語にこだわる必要はないのですが、この2つは同じものだということをご理解いただきたいのと、p. 222で扱う「擬似分裂文」と関連づけるためにも知っていただいたほうがいいと思い、ここでは分裂文という用語も紹介します。

　強調構文［分裂文］は、文中で強調したい要素である名詞もしくは副詞（全体像だと①②④⑤にあたるもの）を意味のないit isとthatで挟むことで作ります（挟まれるものが人の場合はthatの代わりにwho、人以外の場合にはwhichを使うことなどもあります）。「強調構文」という名前が、何かを強調するための構文だ、という印象を与えがちですが、もともとあった文をit isとthatを使って"分裂"させることで、文脈上の意味関係を明示させるための構文になります。以下にその意味関係を示します。

It is	A	that	B
	他との対比		テーマ（話題）

　実は「2. 文要素の「倒置」」で扱った話題化に少し似ている構文だと言えて、it isとthatを置くことで、テーマと他の要素との対比を明示するための構文なのです。「強調」構文ですからAの部分を「まさにAが、Aこそが」などのように訳してもかまいませんが、「Bなのは（他でもない）Aだ」といった訳し方をすると、テーマと対比の関係が日本語でもはっきりとします。

　それではここからは実際の例を見ながら、この強調構文［分裂文］の働きを見ていきたいと思います。まず、以下の文を（1）〜（3）の指示に合わせて強調構文［分裂文］にしてみてください（it is自体は意味のない要素ですが前後の動詞と時制の一致をして、過去の文脈であればit wasになります）。ここも2で扱った文要素の倒置同様に基本語順はバラバラになるので、最初の全体像の枠に番号は振っていません。品詞を判断しな

218

がらご自身で番号を振って文を記入し、構造を分析してみてください。

John broke the window yesterday.

(1) Johnを強調して

It was		that				

▶ Johnを強調すると、**It was John that** broke the window yesterday. となります。こうすると、「昨日誰かが窓を割った」というテーマについて話をしており、その犯人探しをしていて、それが他の誰でもないジョンだ、という意味を出すことになります。人であるJohnを強調していますから、thatの代わりにwhoを用いて<u>It was</u> John <u>who</u> broke the window yesterday. としてもかまいません。

It was	John	that	broke	the window	yesterday
①	②		③	④	⑤

［訳例］昨日窓を割ったのはジョンだ。

(2) the windowを強調して

It was		that				

▶ **It was** the window **that** John broke yesterday. となります。こうすると、「ジョンが昨日何かを壊した」というテーマについて話をしていて、それが他の何でもない、窓だ、という意味になります。

It was	the window	that	John	broke	yesterday
①	④		②	③	⑤

［訳例］ジョンが昨日割ったのは窓だ。

(3) yesterdayを強調して

It was		that				

▶ **It was yesterday that** John broke the window. となります。こうすると、「ジョンが窓を割った」というテーマについて話をしていて、それが他のいつでもない、昨日だ、という意味になります。

It was	yesterday	that	John	broke	the window
⑤		①	②	③	④

［訳例］ ジョンが窓を割ったのは昨日だ。

知識事項 +α 疑問詞と強調構文

例えば、Who broke the window? という文のうち、疑問代名詞のwhoを強調するとどうなるでしょうか？ 上記の原則通りに照らし合わせると、*It was who that broke the window? となりそうですが、p. 190で扱ったように疑問文では疑問詞を⓪の位置に移動したら、主語・動詞を倒置して疑問文の語順にしなければなりませんでした。そこで、強調構文のit was自体は意味のない要素ですが、ここを倒置して、Who was it that broke the window?「窓を割ったのは一体全体誰だ？」とします（疑問詞を強調する場合、日本語では「一体全体」などのような言葉を用いればよいです）。

ただし、注意していただきたいのは、p. 192で扱った間接疑問文にする場合は、平叙文の語順にしなければならない、ということです。例えば、Do you know who it was that broke the window?「一体全体誰が窓を割ったのかご存知ですか？」などのようにします。

It was not until the dinner was over that her husband arrived home.

It was		that				

▶ It was not until ~ that ... はよく「～してはじめて…」と訳されることが多いですが、それはなぜでしょうか？ この文は、until ~「～までずっと」という副詞節（ここではuntilは接続詞。前置詞の用法もあります）を強調構文it wasとthatで挟んだもので、「彼女の夫が家に到着した」というテーマについて言うと、「ディナーが終わるまでではない」つまり「ディナーが終わった後だ」という対比の意味が含意されているのです。強

調構文はIt is ~ that ...の~の部分に対比の意味が含まれていますから、not A but B「AでなくBだ」というニュアンスが含意されており、ここでも、not until ~ but only after ...にあたるものが含まれていることから、「~してはじめて…」という意味になるのです（実際、It was only after the dinner was over that her husband arrived homeとしても同じ意味になります）。

　ちなみに、この文をIt wasとthatをはずして、Not untilからはじめると、p. 210で扱った疑問文の語順の倒置が起こり、Not until the dinner was over <u>did her husband arrive</u> home.となります（これもある意味、否定語の「強調」による構文ですから、同じように訳せばよいです）。

　それから、この文について気をつけていただきたいのは、このit was not until ~ that ...を単なる熟語と決めつけて、~と…が意味不明な文を書く人がいますが、it wasとthatをはずせば、Her husband didn't arrive home until the dinner was over.という文になることをしっかり意識して書くようにしましょう。

It was	not [until the dinner was over]	that	her husband	arrived	home
	⑤		②	③	④

［訳例］ディナーが終わってようやく彼女の夫が帰宅した。

📌 知識事項 +α　他のit ... thatの構文との区別

　英語には他にもit ... thatの構文がありますが、どのように区別すればよいでしょうか？まず形式的なことですが、強調構文は形容詞を強調できません。例えばIt was obvious that he lied to us.「彼が私たちに嘘をついたということは明らかだった」は、obviousが形容詞ですから、p. 63で扱った仮主語［形式主語］構文だと判別することができます。

　形式上の区別が難しい場合も、強調構文［分裂文］は、「他でもない~だ」という、テーマとそれ以外の要素との対比を含意しているわけですから、前後を比べてそうなっていない場合は別の可能性を考えてみるとよいでしょう。例えば次のような文があります。

One day I was reading a book when I came across a very interesting idea. It was an idea that would totally change my way of thinking.

［訳例］ある日本を読んでいると、非常に興味深い考えを見つけた。それは、私の考え方を完全に変える考えだった。

　この2文目を強調構文と解釈して「私の考えを完全に変えることになったのは他でもない考えだった」とすると、意味が通らなくなります。このように対比関係がない場合、Itは前の文のa very interesting ideaを指す代名詞で、thatは関係代名詞で、that以下はどういう考えだったのかという補足説明をしていると判断できます（見た目は似ていますが、強調構文と違って関係代名詞は先行詞の補足説明をするわけですから、that節の中にはわかりきったテーマなどではなく新情報が現れます。また、itとthatに挟まれている名詞には他との対比関係はありません）。このように強調構文が持つ文脈上の意味をしっかりと把握しておけば、こういう

文の意味にも逆に気づけるようになるはずです。

It is not what he says that always makes me irritated but how he says it.

It is		that				

▶ S make O C「SはOをCにする」のSの位置に、not A but B「AでなくBだ」があったものを強調構文にした文で、It is not what he says but how he says it that always makes me irritated.が本来の形です。ですがこのように書くと、かなり"頭でっかち"な文になるという印象があります。英語では長い主語は文末に回すという原則がありましたが、強調構文の場合、ひとつ前のページの文のようにnot A but Bが含意されているからbut Bを書かないこともありますし、今回のように、not Aだけ書いておけばbut Bがくることが予測できるということで、文末の⑤の位置にbut以下を置くことがあります。少し慣れてきたら、It ... thatの間にnot A but B「AでなくBだ」、not only A but also B「AだけでなくBも」、not so much A as B = B rather than A「AよりむしろB」などの対比を表す表現がきたら強調構文の可能性を疑ってみると、より速く的確に解釈をすることができるようになるはずです。

It is	not [what he says] S	that	<always> makes V	me O	irritated C
	but [how he says it]				

[訳例] いつも私がいらいらするのは、彼の発言ではなく彼の言い方だ。

★ 知識事項 +α 擬似分裂文

擬似分裂文（pseudo-cleft sentence）と呼ばれる文があります（学習参考書などで扱われることはあまりないので一般的な用語ではないかもしれませんが、普通に英語の文章などではよく見かける構文です。一般的な「強調構文」という用語のみならず「分裂文」という用語を先ほど紹介したのは、この構文も紹介したかったからです）。これは、もともとあった文を、whatとbe動詞で分裂させることで、what〈テーマ〉is〈他との対比〉とする構文です。語順が変わるだけで、強調構文［分裂文］と同じ意味関係だと考えればよいです。例えば、先ほどのJohn broke the window yesterday.のthe windowを擬似分裂文で表すと、What John broke yesterday was the window.「昨日ジョンが割ったのは窓だ」となります。

ただし、whatはthe thing whichに相当する関係代名詞ですので、上記の文のうち、Johnやyesterdayを強調したい場合に用いることはできません。人であるJohnを強調したい場合

は、(The one) who broke the window yesterday was John.「昨日窓を割ったのはジョンだ」とし、時を表す副詞のyesterdayを強調する場合は、When John broke the window was yesterday. とします。

　頻度的にはwhat ... is... の擬似分裂文が圧倒的に多いですから、まずはこの形の文を文章中で見つけたら、テーマと対比の関係を意識するようにするとよいでしょう。

4 省略

　「省略」には、例えばI think (that) he is wrong.「彼は間違っていると思う」や、The woman (that) I met at the party was attractive.「パーティーであった女性は魅力的だった」などのように接続詞のthatや関係代名詞が省略されるといったものや、(It) looks like rain.「雨が降りそうだ」のように口語的な表現で慣用的に主語が省略されるといったものもあります。しかし、ここではそういう慣用的な省略ではなく、文法的な「省略」を扱いたいと思います。

　英語では同じ要素の繰り返しを避けるために省略をすることがあります。なぜ省略をするかというと、同じ形の反復を避けるという経済的効率のためだけではなく、省略をしても、読み手が「復元可能」だからです。ですから、省略にあたるものを見つけたら、みなさんは同じ形になっている箇所に着目して復元をするようにしましょう。ここでは代表的な省略をいくつか見ていきたいと思います。

1 動詞句省略

　英語では前と同じ動詞が繰り返される場合、省略をすることがあります。その際、読み手が復元可能とするために、一般動詞の場合、助動詞や不定詞のtoを残し、be動詞の場合、助動詞や不定詞toの後にbeを残し、その後の補語などを省略します。

　それでは以下の文のうち、下線を引いた部分について、全体像の中で省略された部分を復元しながら分析してみてください。

I was planning to go shopping this evening, but I can't because I have to work overtime.

▶ can'tという助動詞の後ろにbecauseが導く副詞節があるだけです。これは前半のgo shopping this eveningの繰り返しを避けて省略されています。

❶	❷	❸	❹	❺
	I	can't (go shopping this evening)		[because I have to work overtime]

[訳例] 今夜買い物に行く予定だったが、残業をしなければならないので、買い物に行くことができない。

Mike opened the box, though I told him not to.

❶ 副詞	❷ 主語	❸ 述語動詞	❹ 補部	❺ 副詞

▶ tell O to Vで「OにVするよう伝える」の意味で、今回は不定詞が否定されてtell O not to Vで「OにVしないよう伝える」の意味になりますが、この不定詞の内容が前半のopen the boxと重複するため、省略されます。tellには他にもいろいろな語法がありますから、復元可能にするために、不定詞のtoだけ残します（このtoを厳密には「代不定詞」と言います）。

❶	❷	❸	❹	❺
	I	told	him	not to (open the box)	

[訳例] 私は開けるなと言ったのに、マイクはその箱を開けてしまった。

My parents hope I will be a doctor, but I don't want to be.

❶ 副詞	❷ 主語	❸ 述語動詞	❹ 補部	❺ 副詞

▶ 一般動詞と違って、be動詞は省略せずに残し、その後ろの補語を省略します。ここでも前半のbe a doctorとの重複を避けるために、補語のa doctorを省略しています。

❶	❷	❸	❹	❺
	I	don't want to be	(a doctor)	

[訳例] 私の両親は私が医者になることを望んでいるが、私はなりたくない。

2 名詞句省略

前と名詞句が重複する場合、所有格だけ残します。

This spring, my salary exceeded my father's.

❶ 副詞	❷ 主語	❸ 述語動詞	❹ 補部	❺ 副詞

▶ ここでは exceed「〜を上回る」の目的語にあたる my father's salary が主語の salary と重複するため、所有格だけ残して salary を省略しています。ちなみに、名詞が重複しても所有格がつかずに形容詞などだけがついている場合は、The salesclerk recommended a blue shirt to me, but I bought a green one(= shirt).「店員は私に青いシャツを勧めたが、私は緑のシャツを買った」のように重複する単語を代名詞で受けるので注意してください。

❶	❷	❸	❹	❺
This spring,	my salary	exceeded	my father's (salary)	

[訳例] この春、私の給料は父の給料を上回った。

3 空所化

p. 32で扱った等位接続詞のandは前後にある文法的に共通する形をつなぐため、例えばMy father expects me to succeed in the exam, and I will.「私の父は私が試験で合格することを期待していて、私はそのつもりだ」のように比較的省略が起こりやすい（ここではI will succeed in the examが省略されています）です。このとき、andの前半部分と動詞が重複するものの、主語と目的語は前半部分と異なる場合、動詞だけ省略されることがあり、これを「空所化」と言います。以下の文の下線部分を分析してみてください。

Mr. Johnson likes playing golf, and his wife tennis.

❶ 副詞	❷ 主語	❸ 述語動詞	❹ 補部	❺ 副詞

▶ 一見するとhis wifeという名詞とtennisという名詞が並んでいるように見えますが、andの前の部分と照らし合わせると、his wife likes playing tennisのlike playingが省略された形になっています（ここではlike Ving「Vするのが好きだ」全体を1つの動詞

のカタマリとして扱っています)。今回は「ジョンソンさんはゴルフ」「妻はテニス」のように and の前後の主語・目的語が対照的になっていますが、このように主語と目的語が対比・対照の関係があって、動詞が同じ場合に空所化が生じます。

❶	❷	❸	❹	❺
	his wife	(likes playing)	tennis	

[訳例] ジョンソンさんはゴルフをするのが好きで、彼の奥さんはテニスをするのが好きだ。

3-3 例外（倒置など） 演習　　　TR36

📝 問題

1 以下の各文について、主節の主語を○で囲み、述語動詞に＿＿を引き、補部があれば～～を引いてその役割（A, O, Cなど）を考えた上で、和訳をしてください。（必要に応じて節は [ ]、句は ( )、修飾は 〈 〉 でくくりましょう）

(1) Little did I dream that I would win the competition.

(2) The effort of the scientists made possible the discovery of such an important substance.

(3) It is not only because Joe is capable but also because he is considerate that we chose him captain of our team.

(4) Mary studies physics at college, and her sister biology.

2 以下の各文について、括弧内の語（句）を並べ替えて、正しい英文にしてください。（文頭で始まる語も小文字で記してあります）

(1) Only if (change / overcome / system / the / they / will / they) the difficulties.

(2) So (difficult / question / the / was) that I gave up answering it.

(3) (called / it / that / us / was / who) late at night?

3 以下の日本語を英訳してください。

(1) 昨日窓を割ったのはジョンだ。

(2) 私の両親は私が医者になることを望んでいるが、私はなりたくない。

💡 解答 & ワンポイント解説

1

(1) Little did [I] dream [that I would win the competition]₍O₎.

　　▶ 否定語の little が文頭に置かれ、主節の主語・動詞が倒置して疑問文の語順になります。

　　[訳例] 私がその大会で優勝できるとはまったく夢にも思わなかった。

(2) [The effort] 〈of the scientists〉 made possible₍C₎ the discovery₍O₎ 〈of such an important substance〉.

▶ make OC が倒置して make CO となった形です。

[訳例] その科学者たちの努力で、そのような重要な物質の発見が可能になった。

(3) It is not only [because Joe is capable] but also [because he is considerate] that ⌈we⌋ chose him(O) captain(C) <of our team>.

▶ not only A but also B「AだけでなくBも」という表現で結ばれた2つのbecause …という副詞節を it is … that の強調構文［分裂文］で挟んだ形です。

[訳例] 私たちがジョーをチームのキャプテンに選んだのは、有能だからというだけでなく、思いやりがあるからだ。

(4) ⌈Mary⌋ studies physics(O) <at college>, and ⌈her sister⌋ (studies) biology(O) (at college).

▶ 等位接続詞の and の前後で重複する V を省略した空所化になっています。

[訳例] メアリーは大学で物理学を、彼女の妹は生物学を勉強している。

2

(1) Only if **they change the system will they overcome** the difficulties.

▶ 文頭に only + if 節（副詞節）「…して初めて」があることから、主節の主語・動詞を倒置して疑問文と同じ語順にします。従属節の if 節の中は平叙文のままにします。

[訳例] 彼らがシステムを変更して初めて苦難を乗り越えるだろう。

(2) So **difficult was the question** that I gave up answering it.

▶ so ~ that … 「とても~なので…」の so ~の部分が文頭に置かれたため、主節の主語・動詞が倒置して疑問文の語順になります。

[訳例] その問いはとても難しかったので、私は答えるのをあきらめた。

(3) **Who was it that called us** late at night?

▶ Who(S) called(V) us(O) …?という文のうち疑問代名詞の who を強調構文［分裂文］で挟むと、疑問の焦点の who が文頭に出て疑問文の語順になり、Who was it that … となります。ただし間接疑問文だと、例えば Do you know who it was that called us …?のように who の後ろは平叙文の語順になるので注意してください。

[訳例] 夜遅くに電話をしてきたのは一体全体誰だ？

3

(1) It was John that broke the window yesterday. (p. 219)

(2) My parents hope I will be a doctor, but I don't want to be. (p. 224)

総合演習

　ここまで「英文法の展望台」から英文法の全体像を眺めてきましたが、最後の確認としてある程度の長さの文章を読むことで、学んできた知識がどう実際の英文に当てはまるのかを確認したいと思います。ここでは『The Japan Times Alpha』からの記事を使用していきます。『The Japan Times Alpha』は初～中級者向けの比較的読みやすく長さもほどほどな記事が掲載された週刊の新聞で、「英字新聞や英文雑誌などを読みたいけどまだ難しい」というレベルの人が導入に使うのにお勧めです。

　まずは以下の文章を読んで、辞書などを使いながらでかまいませんので、各文の要素を「英文の全体像」に当てはめながら自分なりに和訳を作成してみましょう（①～⑤の番号を全体像に振っていますが、文の前後にくる接続詞などは適宜その前後に配置するなどして柔軟に対応してください）。

Sakura mochi leaves

¶1　❶The Japanese can't get enough of cherry blossoms. 　❷ Just appreciating its evanescent blossoms or its tender scent won't do; they've got to taste it too. 　❸ So every spring you get all sorts of sakura-flavored treats popping up everywhere, from chocolates to doughnuts to ice cream to cakes to milkshakes and even cocktails.

¶2　❶The most iconic and traditional treats have to be sakura mochi, which have been around since the 1700s. 　❷ These are pink-colored rice cakes filled with sweet red bean paste and each wrapped in a cherry blossom leaf. 　❸What's unique about these confections is that the leaves aren't there for decorative purposes — you can actually eat them. 　❹ They arc pickled in salt and are great flavor enhancers, with an unbelievably rich aroma.

¶3　❶Interestingly, when the year moves on to May, the Japanese enjoy another traditional sweet called kashiwa mochi, which is also wrapped in a leaf. 　❷But those leaves aren't edible, so throw them out.

「留学生Lillianの教えて　日本のコト」『The Japan Times Alpha』2024/5/3

※以下、訳例は筆者による

タイトル

Sakura mochi leaves

▶タイトルは文章全体を通して筆者の伝えたい主張を一言で要約したものであることが原則です。まずタイトルを読んで、これからどういう文章を読むのかというイメージを高めましょう。

［訳例］　桜餅の葉

第1パラグラフ

❶The Japanese can't get enough of cherry blossoms.

❶副詞	❷主語	❸述語動詞	❹補部	❺副詞

▶ can't get enough of 〜で「〜が大好きだ」という意味の熟語です。can't get(V) enough(O)と細かく分析してももちろんかまいませんが、全体で1つの動詞のカタマリと考えると楽だと思います。

❶	❷	❸	❹	❺
	The Japanese	can't get enough of	cherry blossoms	

[訳例] 日本人は桜の花が大好きだ。

❷Just appreciating its evanescent blossoms or its tender scent won't do; they've got to taste it too.

❶副詞	❷主語	❸述語動詞	❹補部	❺副詞

▶ appreciating は won't do に対する主語になる動名詞です。do は、普通は他動詞で「〜をする」という意味ですが、自動詞で用いると S will do で「S で間に合う、S が役立つ」という意味があり、ここではその否定文になっています。; (セミコロン) は、前後の文に何らかの論理関係があることを示します。その都度、前後の文を比べてみましょう。ちなみに似ている記号の : (コロン) は基本的には「つまり」という言い換えを表します。

❶	❷	❸	❹	❺
	(<Just> appreciating its evanescent blossoms 　　　　　　V'　　　　　　　　　　　O' or its tender scent) 　　　　O'	won't do		;

[訳例] 単にその束の間の花や優しい香りを鑑賞するだけではだめだ。

▶ 後半部分のthey'veはthey haveの短縮形で、theyは第1文の主語のthe Japaneseを受けています。ここでのhave gotは熟語で、have got = have「〜を持っている」で、have got to V = have to Vで「Vせねばならない」という意味です。tooは「〜も」

という追加のサインです。; (セミコロン) は、そのまま用いるだけでは意味が曖昧になってしまうこともあるので、今回のtooのように、その前後でどのような論理関係になっているかを明示する表現を書くことが多いです。

①	②	③	④	⑤
	they	have got to taste	it	too

[訳例] 彼らは、それを味わうこともしなければならないのだ。

❸So every spring you get all sorts of sakura-flavored treats popping up everywhere, from chocolates to doughnuts to ice cream to cakes to milkshakes and even cocktails.

①副詞	②主語	③述語動詞	④補部	⑤副詞

▶ soは「だから、したがって」という意味の等位接続詞で、前の文とのつなぎ言葉です。spring「春」は、普通はin (the) springと前置詞が必要ですが、everyがつくと副詞的目的格になりましたね (p. 180)。all sort of~は「いろいろな (種類の) ~」という意味で、全体で1つの名詞のカタマリと考えるとよいでしょう。pop upは「ふと現れる」という意味の熟語ですが、-ingになることで、直前のtreats「ごちそう、おやつ」を修飾する形容詞句になっています (修飾する名詞が意味上の主語なので、「ごちそうがあらゆるところで現れる」と訳せばよいでしょう)。from A to Bは「AからBにいたるまで」とall sort of~の範囲の補足説明をしています。

	①	②	③	④	⑤
So	every spring	you	get	all sorts of sakura-flavored treats ↑ O　│ (popping up <everywhere>),	\<from chocolates\> \<to doughnuts\> \<to ice cream\> \<to cakes\> \<to milkshakes and even cocktails\>.

[訳例] だから、毎年春になると、チョコレートからドーナッツやアイスクリームやケーキやミルクセーキやさらにはカクテルに至るまで、いろいろな桜味のごちそうがいたるところで現れるのだ。

第2パラグラフ

❶The most iconic and traditional treats have to be sakura mochi, which have been around since the 1700s.

❶副詞	❷主語	❸述語動詞	❹補部	❺副詞

▶ ここでのhave to Vは「Vせねばならない」ではなく「Vであるにちがいない」という推量の意味で用いられています。..., whichは非制限用法の関係代名詞ですが、直前のsakura mochiの補足説明をしているので、❺の位置にあると考えましょう。be aroundは「存在している」という意味です。

❶	❷	❸	❹	❺
	The most iconic and traditional treats	have to be	sakura mochi	, [which have been around since the 1700s]

[訳例] 最も象徴的かつ伝統的なごちそうは、1700年代からずっとある桜餅であるにちがいない。

❷These are pink-colored rice cakes filled with sweet red bean paste and each wrapped in a cherry blossom leaf.

❶副詞	❷主語	❸述語動詞	❹補部	❺副詞

▶ 等位接続詞のandで結ばれているfilledとwrappedは過去分詞でrice cakesを修飾する形容詞句を導いています。また、eachは「それぞれが」という意味の副詞で、修飾しているrice cakesについて「一つひとつ」というニュアンスを加えています。

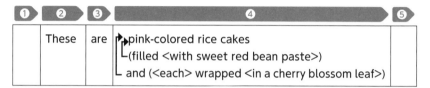

[訳例] これらは甘いあんこが詰められてそれぞれが桜の葉っぱでくるまれたピンク色の餅だ。

❸What's unique about these confections is that the leaves aren't there for decorative purposes — you can actually eat them.

❶副 詞	❷主 語	❸述語動詞	❹補 部	❺副 詞

▶ what … is 〜「…なのは（他でもない）〜だ」という擬似分裂文（p. 222）になっています。つまり、…の部分の「桜餅の独特さ」がテーマで、〜の部分が他との対比で、not A but B「AでなくBだ」に相当する表現が含意されています。ここでは「葉っぱは装飾目的ではない」と否定されており、not Aにあたる部分が記述されていますが、but Bの部分は、前半部分には表れていません。ただし、その後に一（ダッシュ）が続いています。文末の一は、1本だけの場合は「つまり」に相当するので、ダッシュの後でbut Bにあたる内容がくるのではないかと予想しておきましょう（ちなみに一が2本引いてある場合はカンマが2つある場合と同じく挿入で、直前部分の補足説明になります）。

	❸		❹			❷		
What	is	unique \<about these confections>	is	[that the leaves aren't \<there> \<for decorative purposes>]	—

[訳例] これらの菓子に関して独特なのは、葉っぱは装飾的な目的であるのではない、ということだ。

▶ 後半部分では、前半の擬似分裂文との対比で「装飾目的ではなく食べることができる」ということを紹介しています。actuallyは「実際」と直前の実例を示すときに使うこともありますが、「いや実際は、それどころか」と直前の訂正にあたる内容を導入するときに用いることもあります。ここでは前述の通りnot A but Bに相当する意味が含意されているので、後者の意味で用いられています。

❶	❷	❸	❹	❺
	you	can \<actually> eat	them	

[訳例] それらは実際食べることができるのだ。

❹They are pickled in salt and are great flavor enhancers, with an unbelievably rich aroma.

❶副詞	❷主語	❸述語動詞	❹補部	❺副詞

▶ 等位接続詞のandによって2つの動詞がつながれています。enhancerはenhance「〜を高める」という他動詞＋-er（名詞語尾）が組み合わさってできた名詞なので、enhance flavor「風味を高める」という〈動詞＋目的語〉の意味関係を意識して訳すとよいでしょう。

❶	❷	❸	❹	❺
	They	are pickled		in salt
		and		
		are	great flavor enhancers,	with an unbelievably rich aroma

[訳例] それらは塩漬けされていて、信じられないほど豊かな香りで、大変風味を高めてくれているのだ。

第3パラグラフ

❶Interestingly, when the year moves on to May, the Japanese enjoy another traditional sweet called kashiwa mochi, which is also wrapped in a leaf.

▶ the year move on to Mayは全体で「5月になる」と訳せばよいです。calledは過去分詞で直前のsweetを修飾する形容詞句を導いています。文末の ..., whichは非制限用法の関係代名詞で、直前のkashiwa mochiの補足説明をしています。

①	②	③	④	⑤
\<Interestingly\>, [when the year moves on to May],	the Japanese	enjoy	another traditional sweet ↑ (called kashiwa mochi)	, [which is \<also\> wrapped \<in a leaf\>]

[訳例] おもしろいことに、5月になると、日本人は柏餅と呼ばれるもう1つの伝統的なお菓子を楽しむのだが、それも葉っぱでくるまれているのだ。

❷But those leaves aren't edible, so throw them out.

❶ 副 詞	❷ 主 語	❸ 述語動詞	❹ 補 部	❺ 副 詞

▶ But は等位接続詞で、前の文とのつなぎ言葉になっています。so は「だから」という意味の等位接続詞で前後の2つの文をつないでいます。その後ろの文は動詞から始まっている命令文です。out 自体は、品詞は副詞ですが、throw ○ out で「○を捨てる」という意味の熟語です。語順が them の後ろなのでとりあえず便宜的に④の位置に入れてありますが、throw out 全体で1つの動詞のカタマリと解釈すればよいでしょう。

①	②	③	④	⑤
But		those leaves	aren't	edible,
so			throw	them \<out\>

[訳例] しかし、それらの葉っぱは食用ではないので、捨てなさい。

全訳

── 桜餅の葉 ──

　日本人は桜の花が大好きだ。単にその束の間の花や優しい香りを鑑賞するだけではだめだ。彼らは、それを味わうこともしなければならないのだ。だから、毎年春になると、チョコレートからドーナッツやアイスクリームやケーキやミルクセーキやさらにはカクテルに至るまで、いろいろな桜味のごちそうがいたるところで現れるのだ。

　最も象徴的かつ伝統的なごちそうは、1700年代からずっとある桜餅であるにちがいない。これらは甘いあんこが詰められてそれぞれが桜の葉っぱでくるまれたピンク色の餅だ。これらの菓子に関して独特なのは、葉っぱは装飾的な目的であるのではない、ということだ。それらは実際食べることができるのだ。それらは塩漬けされていて、信じられないほど豊かな香りで、大変風味を高めてくれているのだ。

おもしろいことに、5月になると、日本人は柏餅と呼ばれるもう1つの伝統的なお菓子を楽しむのだが、それも葉っぱでくるまれているのだ。しかし、それらの葉っぱは食用ではないので、捨てなさい。

今後の展望─あとがきに代えて

　さてこれにて「英文法の展望台」は終わりになります。ここまできたことで、みなさんは英文法の展望台から、英語の世界を一望し、どこに何があるのかが見渡せる状態になっているはずです。ただしこれで英語の勉強が終わりになるわけではありません。むしろみなさんは「英文法の展望台」という道具がようやく手に入り、ここから本当の意味での英語学習をスタートさせるのです。

　まず、展望台に上ってどこかある地域の景色をもっとよく見たければ、双眼鏡や望遠鏡を使って細部まで見ますよね。これから先さまざまな英語に触れていく際に、そういう箇所が出てきたら、語彙であれば辞書を、文法事項であれば文法書を紐解くべきです。本書で扱わなかった仮定法や比較を含めて、文法項目そのものをもっと詳しく見てみたい場合は目次から、個別の文法事項を詳しく見てみたい場合は文法書の巻末にたいてい掲載されている索引から調べるようにしてください。

　そして、英語が使えるようになるためには、英文法の知識を当てはめる練習をたくさんすることが有効です。具体的な方法としては、総合演習で扱ったような英語の文章を読みながら、全体像の知識を当てはめる練習をしていくことです。お勧めなのは、みなさんから見て、「少し簡単だな」と思うような文章から始めていくことです。比較的簡単な文章であれば、全体像に当てはめること自体の負担も少ないですし、たくさん読むことで、だんだん無意識に全体像を当てはめられるようになるので、番号を振ったりカッコでくくったりしなくても、自然と読めるようになると思います。そして、慣れてきたら少しずつ英文の難易度を上げていくとよいと思います。また、同じ要領で英語の音声に触れるようにしていくと、頭の中でだんだん全体像の順番で音が入ってくるようになり、自然と英語を聞き取る耳もできてくるはずです。

　その一方で、難しい英文を読む際は、ごまかしたりせずに、英文法の全体像を考えながらきちんと読む練習を続けていくことが重要です。難しい英文であっても、英語の全体像は変わりません。きちんと本書で扱った内容を身につけていけば難しい英文であってもきちんと対処できますから、本書の内容を信じて英語の学習を頑張りましょう。

　いつか機会があれば、本書で扱わなかった仮定法や比較を含めた、細かい文法事項を扱うための「英文法の望遠鏡」的な本（例えば「時制・助動詞・法」とか「準動詞」とかで1冊ずつの本があって、それを1冊勉強するとその文法項目に自信がもてる、といったシリーズです。ですが、文法項目を細かくやりすぎると道に迷います。ですから私は、「英文法の展望台」と各巻がリンクしたそういうシリーズがあれば、例えば苦手項目の弱点補強をしたい方、完璧主義の方など、いろいろな人のニーズに合うのではないかと昔から思っていました）や、総合演習で扱ったような英文読解を扱った本などを出すことで、みなさんがこの「英文法の展望台」を使いこなせるようなお手伝いをすること

ができたらと思います。ですが、とりあえずは上記のような方法で勉強をすると、必ず
みなさんの英語学習の視野が広がるはずです。そして、もしまた学習をした際に、自分
がどこを歩いているか道に迷ってしまったら、この英文法の展望台に戻って、自分がど
こで迷っているのか確認してみましょう。この作業を繰り返して、「展望台」にいちいち
上らなくてもどこにどの知識事項があるのかが自然と身につくようになれば、きっとみ
なさんの英語力は格段に上がり、さらに上のレベルに行けるはずです。

　私自身、大学生のときに英語学の世界に魅了され、研究者を目指そうと思って英語学
や言語学の勉強をしていたのですが、卒業論文を書いたり、大学院入試の勉強をしたり
する中で、(一番は私自身の勉強不足が原因なのですが) 抽象的な言語理論を追求するこ
とよりも、実際に英語を必要とする人に、わかりやすく正しい英語を教えることが自分
の使命なのではないかと考えるようになりました。そして大学院への進学をやめ、予備
校で大学受験生に英語を教えるようになり、現時点で四半世紀を過ぎました。自分とし
ては難しいことを難しいまま教えるのではなく、かといって、わかりやすさや生徒のウ
ケねらいだけを求めて嘘偽りを教えることはせず、「複雑に思われる英語の世界をいか
に単純化して伝えるのか」ということを自分の課題として、入試問題を研究しつつ専門
書などを常に追いかけながらこの仕事を続けてきました。複雑に見える英語の世界を極
力シンプルにすべての人に伝えたい、それが私の理念であり、この「英文法の展望台」
の土台にあたる考えです。本書を通して、少しでも多くの人が英語の世界のおもしろさ
に気づくきっかけになることをお祈りしています。

　謝辞
　私は大学では英語学を専攻しましたが、初めて購入した専門書が授業で推薦されたくろしお出
版の『日英語対照による英語学概論』という本でした。研究職ではない一予備校講師の自分が、
その出版社でまさか今回のような本を執筆する機会があるとは、夢にも思いませんでした。たま
たまご縁があった時に私にお声がけくださったくろしお出版の岡野秀夫社長に、この場を借りて
感謝の言葉を述べたいと思います。そして、くろしお出版の堀池晋平さんには、企画段階から読
者目線で色々なアイデアを出していただき、さらには私の拙い原稿に細かく目を通していただ
き、本当に感謝しております。私は何よりも英語の文法の成り立ちなどを勉強することが好き
で、普段の授業や教材作成で疑問に思ったことがあったり、こうやって本を執筆する機会があっ
たりしたときは、自分磨きをするための勉強をする絶好の機会だと思ってこれまで仕事をしてき
ました。そういう意味で、普段の授業で関わってきた生徒や、一緒に仕事をして私に刺激を与え
てくださる同僚の先生方、そして今回私にこういう機会を与えてくださったくろしお出版の皆さ
んに感謝の気持ちを述べることで、この本を締めくくりたいと思います。

2024年8月　戸澤　全崇

索引

B

be 動詞 ················· 13, 70

T

there 構文 ············· 112, 114, 116
tough 構文 ·······················131

Y

Yes-No 疑問文 ·······················189

あ

アスペクト ···················· 81

い

一般疑問文 ·······················189
一般動詞 ························ 13, 70, 223
過去完了 ···························· 87

か

過去形 ·························· 81, 84
過去進行形 ······················· 85
過去分詞 ······18, 55, 85, 117, 173, 198
仮定法 ···················55, 74, 214
仮定法現在 ················· 130, 143, 144
仮主語 ····················· 63, 128, 221
関係詞 ···················· 26, 29, 62
関係代名詞 ········· 27, 29, 41, 117, 183,
221, 222
関係副詞 ····················· 29, 41
冠詞 ····························· 38
間接疑問文 ·············· 192, 220
間接目的語 ·······················101
感嘆文 ·························191
完了形 ···················· 81, 85, 90
完了進行形 ··············· 81, 89, 90

き

擬似分裂文 ·····················222
擬似補語 ·······················121
基本5文型 ·············· 13, 97, 106
疑問詞······ 26, 62, 122, 123, 128, 145,
146, 188, 220
疑問代名詞··········· 26, 145, 190, 220
疑問副詞 ····················· 26, 145, 191
疑問文 ·························188
旧情報 ············12, 52, 112, 180, 214
強調構文 ·············· 218, 220, 221, 222

く

句 ···························· 18
空所化 ·························225

け

形式主語 ····················· 63, 128, 221
形容詞 ··············· 14, 38, 39, 45
結果構文 ·······················176
現在完了 ························ 85, 90
現在形 ···················· 81, 91, 92
現在進行形 ················· 82, 84, 93
現在分詞 ················· 21, 40, 55
限定詞 ··························· 38
限定用法 ························· 39

こ

後方照応の the ·····················116

さ

再帰代名詞 ·······················100

し

使役動詞 ···················· 168, 204
指示代名詞 ························· 38

時制	81
自動詞	13
修辞疑問文	194
修飾語	14, 45
従属節	26
従属接続詞	26
主格補語	102
主語	12, 61
述語動詞	13, 70
受動態	198
準補語	121
焦点話題化	218
省略	223
叙述用法	39
助動詞	13, 70, 72
所有格	38
進行形	81
真主語	29, 63, 128
新情報	14, 112, 180, 214

せ

節	26
接続詞	26
先行詞	27, 29, 183
前置詞	18, 22, 40, 45, 46, 54, 122, 147, 151

た

態	198
第1文型	98, 106
第2文型	98, 121
第3文型	100, 137, 201
第4文型	101, 151, 202
第5文型	102, 164, 203
他動詞	13
単純形	81

ち

知覚動詞	168, 204
中間動詞	111
直説法	144
直接目的語	101
テンス	81

と

等位接続詞	32, 225
動詞	13, 70
倒置	210, 214
動名詞	20, 61, 137, 138

の

能動態	198

ひ

被害受身文	200
比較	182

ふ

付加疑問文	191
付加部	12, 14, 47
副詞	12, 13, 14, 45, 52, 180
副詞的対格	110, 180
副詞的目的格	52, 110, 180
不定詞	19, 40, 54, 61, 137, 168
不定代名詞	38
分詞	21, 40, 173
分詞構文	21, 55, 182
文修飾の副詞	53
分裂文	218

へ

平叙文	188

ほ

法助動詞……………………………… 72
補語………………………… 14, 99, 102
補部………………………………13, 106

み

未来完了……………………………… 89
未来を表す表現……………………… 91

め

名詞………………………… 12, 14, 38
命令文………………………………191

も

目的格補語………………………………102
目的語……………………………… 14

よ

与格交替………………………………151
与格構文………………………………151

わ

話題化………………………………217
話題話題化………………………………217

241

主要参考文献

●文法書など

浅川照夫／鎌田精三郎『新英文法選書第4巻　助動詞』(大修館書店)

足立公也／都築雅子編『学校文法の語らなかった英語構文』(勁草書房)

荒木一雄編『新英文法用例辞典』(研究社出版)

安藤貞雄『英語の文型』(開拓社)

安藤貞雄『現代英文法講義』(開拓社)

池上嘉彦『〈英文法〉を考える』(ちくまライブラリー)

石黒昭博編『総合英語Forest』(桐原書店)

江川泰一郎『英文法解説』(金子書房)

加賀信広／大橋一人『授業力アップのための一歩進んだ英文法』

川原功司『英文法の教え方』(開拓社)

かんべやすひろ『英語を読みこなしたいならまず"○○"だけ訳しなさい』(プレイス)

かんべやすひろ『超・英文解釈マニュアル』(研究社)

久野暲／高見健一『謎解きの英文法　文の意味』(くろしお出版)

久保田正人『英語学点描』(開拓社)

倉田誠編『映画でひもとく英語学』(くろしお出版)

小西友七編『英語基本動詞辞典』(研究社出版)

佐藤ヒロシ『五文型の底力』(プレイス)

田上芳彦『読解のための上級英文法』(研究社)

田地野彰編『明日の授業に活かす「意味順」英語指導─理論的背景と授業実践』(ひつじ書房)

中村捷『実例解説英文法』(開拓社)

中村捷／金子義明編『英語の主要構文』

中邑光男編「ジーニアス総合英語」(大修館書店)

西光義弘編『日英語対照による英語学概論』(くろしお出版)

野村恵造編『Vision Quest総合英語 Ultimate』(啓林館)

濱口仁『Q&Aで探る学習英文法解説』(開拓社)

保坂道雄『文法化する英語』(大修館書店)

マーク・ピーターセン『痛快！コミュニケーション英語学』(集英社インターナショナル)

宮川幸久／林龍次郎編『アルファ英文法』(研究社)

村田勇三郎『機能英文法』(大修館書店)

八木克正『現代高等英文法』(開拓社)

安井稔『英文法総覧』(開拓社)

安井稔／安井泉『英文法総覧　大改訂新版』(開拓社)

米倉綽／中村芳久編『英語学が語るもの』(くろしお出版)

綿貫陽／マーク・ピーターセン／宮川幸久／須貝猛敏／高松尚弘『ロイヤル英文法』(旺文社)

山崎竜成『知られざる英語の「素顔」』(プレイス)

Michael Swan, *Practical English Usage* (Oxford University Press)

Randolph Quirk, Sidney Greenbaum, Geoffrey Leech, Jan Svartvik, *A Comprehensive Grammar of the English Language* (Longman)

Rodney Huddleston, Geoffrey K. Pullum, *The Cambridge Grammar of the English Language* (Cambridge University Press)

●辞書

『ジーニアス英和辞典』(大修館書店)

『ウィズダム英和辞典』(三省堂)

『オーレックス英和辞典』(旺文社)

『コンパスローズ英和辞典』(研究社)

『リーダーズ英和辞典』(研究社)

Oxford Advanced Learner's Dictionary (Oxford University Press)

Longman Dictionary of Contemporary English (Longman)

Collins Cobuild Advance Learner's Dictionary (HarperCollins)

Oxford Collocations Dictionary for students of English (Oxford University Press)

著者紹介

戸澤全崇（とざわ・まさたか）

1975年生まれ。東京外国語大学外国語学部欧米第一課程英語専攻
2000年卒。大学での専攻は英語統語論。大学卒業後、代々木ゼミ
ナール講師を経て、現在、駿台予備学校英語科講師。首都圏や東北
地方などを中心に大学受験生に直接指導をするほか、全国に配信さ
れるオンライン授業の担当や、駿台教育研究所の教員向けのセミ
ナーなども担当している。『ライトハウス英和辞典』(研究社) の巻末
文法解説の執筆を担当。

英文法の展望台

全体像をつかむ英語上達トレーニング

2024年10月10日　初版第1刷発行

著　　　者	戸澤全崇
装幀・本文デザイン	松崎知子・株式会社エディポック
発　行　人	岡野秀夫
発　行　所	株式会社くろしお出版
	〒102-0084　東京都千代田区二番町4-3
	Tel: 03-6261-2867
印刷・製本	藤原印刷株式会社

ISBN 978-4-87424-976-5 C1082　　　　　Printed in Japan
ⓒ2024 Masataka Tozawa

乱丁・落丁はおとりかえいたします。法令に規定された場合を除き、本
書を無断で転載、複製、複写することを禁じます。

くろしお出版の本

伝わる英語スピーチ＆プレゼンテーション

■佐伯卓哉［著］／B5判／1,980円

構成、表現、発声法、ジェスチャーといった英語スピーチ・プレゼンテーションの基本的な要素はもとより、「伝わる」ための技術に重点を置いた実践的なテキスト。レトリックやフックなど、聞き手を惹きつける効果的な方法を学べる。

英和翻訳の複層アプローチ

■マイケル・ブルックス［著］／A5判／2,970円

言語学基盤の研究に加え、英和・和英翻訳の翻訳者、翻訳講師などの経験を基に、英和翻訳に必要な理論や技法を多層的、系統的にわかりやすく説明。著者が40年以上のアメリカ合衆国での在住期間に収集した生の言語データを活用。

英日翻訳の技術　認知言語学的発想！

■鍋島弘治朗／マイケル・ブルックス［著］／A5判／1,980円

英日翻訳の基礎となる技術を身につけながら、言語と文化について理解を深めることができる翻訳入門書。首を傾げたくなるような翻訳からの脱却を目指す。学生からのQ&Aも積極的に取り入れた。翻訳家によるコラム・実践練習問題付。

映画でひもとく英語学

■倉田誠［編］／A5判／2,420円

英語学で扱われる諸分野の基本的な109の項目を映画・海外ドラマのセリフで学ぶ。見開きページでコンパクト、知りたい知識にアクセスできる一冊で、初学者・教員・映画ファンへ贈る。前身は『映画で学ぶ英語学』(2011年)。

実例が語る前置詞

■平沢慎也［著］／A5判／2,750円

「わかった気になる」から「使えるようになる」を目指し「本質」探求主義やイメージ重視の学習法とは異なる類のない17章を収録。各前置詞の解説・横断的な着眼点をやさしく示す。学習者のみならず「ことば」の探求に携わる方へも。

日本語を教えるためのやさしい英語表現

こんなときどう説明する？

■嵐洋子／倉林秀男／田川恭識／ジョージアダムス／ワー由紀［著］／A5判／2,530円

英語で日本語を教えてみたい方、必携！ 英語の基本的なパターンを使って、日本語の初級文法・語彙などが説明できるようになる。日本語と英語の違いも学べる。現場（対面＆オンライン）で役立つリアルな例文も満載！

Tel 03-6261-2867　Fax 03-6261-2879　Mail kurosio@9640.jp　https://www.9640.jp　〈税込価格〉